W9-ATT-435

BART SIMPSON

Mon Guide de la Vie

Publié avec l'aide de Matt Groening

Dédié à la mémoire de Boule-de-Neige 1 :
à chaque fois que nous entendons un chat miauler à 3 heures du matin,
à chaque fois que nous glissons sur une boule de poils visqueuse,
à chaque fois que nous sentons l'odeur aigre d'une litière négligée,
nous pensons à toi.

Bart Simpson : Mon Guide de la Vie
Titre original : Bart Simpson's Guide To Life
Publié par Dino Entertainment France, Issy les Moulineaux.
Diffusion – Distribution : Flammarion / UD
Imprimé sur les presses de Brepols, à Turnhout,
en Belgique, en octobre 2001.
Dépôt légal novembre 2001.

ISBN : 2-914593- 06-6

1 3 5 7 9 X 8 6 4 2

Chez Bongo
Concepts & Direction Artistique : MILI SMYTHE
Suprême Gratte-Papier : JAMIE ANGELL
Magna-Maître Logistique : DOUG WHALEY
Design : PETER ALEXANDER, DOUG WHALEY
Sorcier de l'ordi : DANIEL AMANTE
Ont collaboré à l'écriture : PETER ALEXANDER, JAMIE ANGELL,
TED BROCK, EILEEN CAMPION, MAX FRANKE, JIM JENSEN,
BARBARA MCADAMS, BILL MORRISON, MILI SMYTHE,
MARY TRAINOR, DOUG WHALEY
Tête chercheuse : JIM JENSEN
Artistes : BILL MORRISON, DALE HENDRICKSON, JOHN ADAM
Oeil de la loi : SUSAN GRODE
Éditrice : WENDY WOLF
Remerciements à Christina Simonds
et au réseau des bibliothèques publiques de Los Angeles.

Chez Dino
Super-Superviseuse : ANNE BERLING
Opératrice-relais : CHRISTINA BETSCH
Passeuse de frontière : ISABELLE ARAGNOU
Cheveux blancs : LOUIS-ANTOINE DUJARDIN
Calligraphie Romaine : CHRISTOPHE ANTIPHON
Top Bizness : MAX MULLER
Bizness : JÉRÔME ARAGNOU
Merci à MAXIMILIEN "L'Archiviste" CHAILLEUX

Salut, mon pote
et bienvenue dans Bart
Simpson : Mon Guide
de la Vie. Si tu n'as pas piqué
ce livre*, et si on ne te
l'a pas donné, alors nous,
à la Fondation Bart Simpson
pour l'Enrichissement
Personnel, devons en
conclure qu'en fait,
tu as donné de l'argent
pour avoir cette marchandise.
Par conséquent, nous en
déduisons que tu es une
personne consciencieuse
et sensible, à la recherche
de vérité et de connaissance,
qui éprouve un intérêt
profond pour
l'environnement et ses
concitoyens et qui a hâte
de s'embarquer pour
un voyage long mais captivant
vers la Lumière.

Bienvenue à Gogoville, mec.

* Au chien galeux qui a vraiment piqué ce livre, je sais qui tu es, où tu vis, je vais te traquer et te tuer.
Peut-être pas cette semaine, peut-être pas la semaine prochaine. Mais un jour, quand tu t'y attendras le moins... T'es mort, mec.

Pour découvrir le secret du sens de la vie, va à la page 144.

I

Ecole

CONTREFAÇONS !

OK, écoute-bien, mec ! Nous, les jeunes, on sait tous qu'on est obligés de faire des tas de trucs complètement nuls. Mais il y a une chose qui est si nulle, si abominable, si injuste, si totalement *horrible* qu'ils ont dû faire passer une *loi* pour nous y forcer. Exact, *c'est l'école* 13 années de travaux forcés. Trimballe ce bouquin ! Tu vas me remonter ces notes Apprends à lire ! Il n'y aucune issue. *A moins que...*

En développant ton habileté, tu peux échapper à l'emprise de la loi *et* prendre des vacances bien méritées. L'art de la contrefaçon de signatures – pratiqué en douceur, avec méthode et de manière répétée - *te* laissera vivre *ta* vie comme *tu* l'entends. Voici quelques documents essentiels que tu pourras utiliser encore et encore. Prends ces exemples, mémorise-les, utilise-les et surtout, entraîne-toi, entraîne-toi, *entraîne-toi*, mec !

L'IMPARABLE ABSENCE POUR MALADIE

Je vous prie de bien vouloir excuser _____ (inscrire ton nom) pour son absence ces deux derniers jours. Il/Elle souffrait d'amnésie et a oublié d'aller à l'école. Il/Elle va beaucoup mieux maintenant, merci. Je vous prie de ne révéler ceci à personne, ça pourrait entraîner une rechute.

Bien à vous,

_____ (signature de tes parents)

LE MOT POUR ÉCHAPPER À LA GYM

_____ (inscrire ton nom)

s'est blessé/e au dos en me portant pour traverser une flaque. Il/Elle ne doit rien faire qui ressemble à un exercice physique. Plus jamais. Ou bien vous perdrez jusqu'à votre dernier centime à l'issue du procès.

Bien à vous,

_____ (signature de tes parents)

4

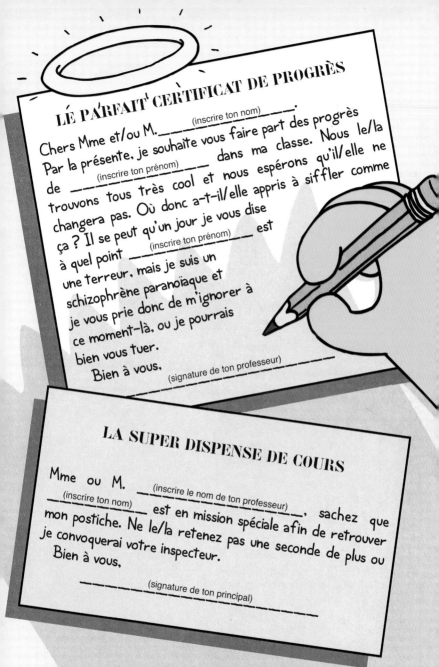

LÉ PARFAIT CERTIFICAT DE PROGRÈS

Chers Mme et/ou M. _____ (inscrire ton nom) _____ .
Par la présente, je souhaite vous faire part des progrès
de _____ (inscrire ton prénom) _____ dans ma classe. Nous le/la
trouvons tous très cool et nous espérons qu'il/elle ne
changera pas. Où donc a-t-il/elle appris à siffler comme
ça ? Il se peut qu'un jour je vous dise
à quel point _____ (inscrire ton prénom) _____ est
une terreur, mais je suis un
schizophrène paranoïaque et
je vous prie donc de m'ignorer à
ce moment-là, ou je pourrais
bien vous tuer.
Bien à vous, _____ (signature de ton professeur) _____

LA SUPER DISPENSE DE COURS

Mme ou M. _____ (inscrire le nom de ton professeur) _____ , sachez que
_____ (inscrire ton nom) _____ est en mission spéciale afin de retrouver
mon postiche. Ne le/la retenez pas une seconde de plus ou
je convoquerai votre inspecteur.
Bien à vous,

_____ (signature de ton principal) _____

Maintenant, mec, tu vois l'étendue du pouvoir et de la liberté à ta disposition.
Alors commence dès à présent à imiter la signature de tes vieux, puis celle de tes profs
(valable un an et vaut vraiment le coup), et celle de ton principal (valable pour tout ton
séjour dans l'école). Enfin la preuve que la plume peut être plus forte que les armes !   5

Idées d'
EXPO

Tu es sur le point de sortir de chez toi et tu te rends compte que tu n'as rien préparé pour ton exposé ? Voici quelques trouvailles, testées et approuvées par votre serviteur Bart Simpson, qui t'apporteront un succès garanti et te tireront de l'embarras. C'est la vieille théorie de l'improvisation : si tu n'arrives pas à les éblouir par ton intelligence, bluffe-les avec des trucs débiles. Souviens-toi — garde toujours ton sérieux. Et si ça ne marche pas, dégoûte-les !

3. Les chips en forme de personnes connues (Charles Pasqua donne toujours la patate !)

4. Les points de suture (toujours impressionnants ; exprime ta créativité en expliquant comment ils sont arrivés là)

DANS LA MAISON
1. Les cicatrices (ça marche à tous les coups ; invente une bonne histoire)

2. Le dentier de ta grand-mère (étonnifiant !)

5. Les dents de lait (attends qu'elles soient tombées avant de les emmener)

6. Le bébé (attends que ta mère ait le dos tourné avant de l'emmener)

SÉ *de dernière minute*

7. La moumoute de ton père

**TA GRANDE SŒUR :
UNE SOURCE
INTARISSABLE
D'OBJETS
FASCINANTS**

12. Son soutif à armatures

13. Son journal intime

14. Son Wonderbra

15. Son livre de poèmes

16. Ses moyens de contra-
ception (aussi étranges que
fascinants)

8. Le fusil de tes parents

9. Des dessins de ta petite sœur

10. Le slip taille XXXL de ton père
(pour des fous rires hénaurmes)

11. Une photo
du tatouage de ton oncle

7

Idées d'EXPOSÉ *la suite*

17. L'étiquette NE PAS ENLEVER de ton matelas

18. Les vieilles lettres d'amour de tes parents (Tu sais où elles se trouvent. Sinon, demande à ta mère lorsqu'elle se sent d'humeur sentimentale)

DANS LE JARDIN

20. Des fruits ou des légumes pourris (de préférence avec de la moisissure)

21. Des vers dans des fruits

22. Des bousiers

23. Des mantes religieuses (prends en 2 et fais-les se battre. Le vainqueur mange le perdant !)

24. Des larves, n'importe lesquelles

25. Des vers de terre (apportes-en plein pour partager !)

26. Des animaux décomposés (déterre-les pour encore plus d'horreur)

27. Des limaces (organise des courses !)

M'AVEZ-VOUS APERÇU ?

LAIT

DANS LE QUARTIER
28. Des catalogues de lingerie

19. Le lait périmé (fais-le passer pour que tout le monde puisse sentir)

CHÈRE MARGE,
peux-tu me prêter
50 balles ?
* * *
Homer
PS : Je t'aime

QUAND TOUT
A ÉCHOUÉ
32. Ton ami invisible

29. La poubelle (la poubellologie est désormais étudiée à l'école de police)

30. Les panneaux DÉFENSE D'ENTRER

31. De la terre (ajoute de l'eau pour faire de la boue !)

9

VOTRE GUIDE COMPLET
DES COPAINS
DE LA COUR DE RÉCRÉ

COPAIN	PERSONNALITÉ	ACTIVITÉ PRÉFÉRÉE	PHRASE-TYPE	FUTUR MÉTIER
 LE PLEUR-NICHARD	Passivo-agressif	Courir à l'infirmerie	«Aïe ça fait mal ! J'vais l'dire !»	Avocat spécialisé en coups et blessur
LA PETITE PESTE	Agressivo-agressive	Traîner dans les toilettes	«Je sais quelque chose que tu ne sais pas.»	Journalist à Voici
LA GROSSE BRUTE	Enormo-agressif	Bagarres, raclées	«Groar uur gro.»	Vigile

COPAIN	PERSONNALITÉ	ACTIVITÉ PRÉFÉRÉE	PHRASE-TYPE	FUTUR MÉTIER
LA SCHIZO SOLITAIRE	Dépressivo-agressive	Gratter le plâtre des murs	«Laisse-moi tranquille.»	Guiche-tière à La Poste
M. JE-SAIS-TOUT	Ironico-lourdingue	Ricaner d'un air entendu	«Ta stupi-dité ne cessera jamais de me surprendre.»	Critique
LLE "FEUX DE LA RAMPE"	Hystérico-expansive	Hurler, crier, s'évanouir, éclater de rire, caqueter	«Regardez-moi ! Regardez-moi ! REGAR-DEZ-MOAAHH !!»	Actrice
M. PASSE-PARTOUT	Rien à signaler	Rien à signaler	Rien à signaler	Informa-ticien

11

COMMENT FAIRE UNE FICHE DE LECTURE

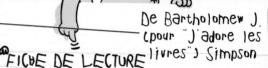

SPONSORISÉE PAR BART SIMPSON — L'IGNORANCE C'EST LE PIED

5 FOIS PRIMÉ PAR L'ASSOCIATION NATIONALE DES PROFESSEURS POUR LE PRIX DE CANCRE DE L'ANNÉE

À TOUS LES PAUVRES DÉBILES QUI NE MAÎTRISENT PAS ENCORE LA MÉTHODE POUR SE FAIRE EXEMPTER DE CETTE CORVÉE.

Fais-toi mousser dès le début auprès de ton prof grâce à un surnom valorisant.

Fais quelques dessins dans la marge pour quelques points en plus.

Parle d'un livre qui n'existe pas. Comme ça, personne ne pourra vérifier.

Indique l'incroyable longueur du livre — ça impressionne toujours les profs.

Vérifie ton orthographe.

Représente toujours ton prof sous un jour favorable.

Utilise ton pouvoir de suggestion.

Sois judicieux.

FICHE DE LECTURE

De Bartholomew J. (pour "J'adore les livres") Simpson

Mensonges

le garçon

Bon travail 20/20

professeur

Le titre du livre que j'ai choisi pour ma fiche est "La fiche de lecture". Il fait 638 pages et 7,5 cm d'ÉPAISSEUR. C'est l'histoire d'un garçon qui doit faire une fiche de lecture, mais comme il ne sait pas très bien comment faire et qu'il est paresseux, il invente un livre qui n'existe pas, comme ça, le prof ne conaît connaît pas le livre et ne peut pas comparer sa fiche de lecture avec une autre. Alors il invente des trucs. L'histoire se termine super bien. Le prof donne un 20 à l'élève, parce qu'il a été très créatif.
Je me suis vraiment identifié au personnage parce qu'il avait l'air vrai.

* Souviens-toi : les grands espaces facilitent la vie.

COMMENT FAIRE UNE FICHE DE LECTURE COMME UN PRO!

Nous rejetons toute responsabilité quant aux blessures ou répercussions légales qui pourraient résulter des techniques suivantes. Seuls les professionnels certifiés de la cancritude peuvent réaliser ce qui suit :

- Feins une maladie suffisamment grave pour t'empêcher d'écrire.
- Négocie — propose de nettoyer la cage du hamster au lieu de faire la fiche.

- Fais-toi virer de la bibliothèque.
- Provoque une émeute dans ta classe.
- Intente une action en justice contre ton prof.

- Deviens aveugle.
- Fais semblant de t'être converti à une religion qui interdit la lecture.

Si tu as envie d'en rajouter, fends-toi d'une recommandation.

Je recomanderais ce livre à tout le monde, sauf que ça peut être trop intellectuel pour la plupart des primaires, et même des collégiens.

Insiste sur l'aspect intello du livre.

En concluzion, je dirais que c'était un super livre. Il m'a appris une des leçons les plus importantes de la vie : si tu dois tricher, fais-le avec tout ton coeur. Pour finir, je voudrais dire que si plus de gens restaient chez eux pour lire, il y aurait une baisse de 56% de la criminalité en France.

Fais un emploi généreux de mots longs.

Ajoute toujours une morale.

Introduis ton grand final.

Donne des statistiques à chaque fois que c'est possible.

Du patriotisme améliorera ta note !

Il y a aussi un chien dans le livre

Merci.

Sois reconnaissant. Les profs aiment penser que tu apprécies la torture qu'ils te font subir.

Et passez une bonne journée.

Termine sur une note positive.

Bonus : Utilise le double espace pour un impact maximal ! (Ce n'est pas le cas ici).

13

POURQUOI LES CHIENS NOUS RENIFLENT LE DERRIÈRE ?

ÇA MARCHE, VOTRE RÉGIME ?

CETTE INFORMATION VA-T-ELLE NOUS SERVIR PLUS TARD ?

T'HABITES À COMBIEN DE KILOMÈTRES DE TOURS ?

VOUS POUVEZ RÉPÉTER LA QUESTION ? JE N'AI PAS ÉCOUTÉ.

POURQUOI EST-CE QU'ON EST JAUNES ?

La triche

Oh oh ! Une interro surprise te tombe dessus à la dernière minute ? Tu t'es soudain rendu compte que ce contrôle d'histoire tant redouté est pour AUJOURD'HUI ? Ton flegme s'est soudain transformé en terreur ? Ne crains rien ! Lis mon guide pratique des meilleures astuces pour la triche. Il est simple d'emploi et fera disparaître toutes tes craintes. Ecoute les conseils d'un pro, mec : on ne naît pas un bon tricheur, on le devient. Applique ces méthodes et tu auras 10 au lieu de 0 en un rien de temps. Mais si quelqu'un te pose des questions, je ne t'ai rien dit, OK

UN CONSEIL : C'EST PARFOIS PLUS SIMPLE D'APPRENDRE TES LEÇONS QUE D'ESSAYER DE TRICHER.

La place

Comme chez les poissonniers, les trois mots les plus importants sont : le lieu, le lieu et encor le lieu. Ne t'assieds JAMAIS à côté du prof C'est évident. Quelques précisions. Utilise une planque déjà existante : assieds-to derrière quelqu'un avec une imposante chevelur Ne t'assieds jamais à côté d'un cafteur. Essai toujours d'être à côté d'un élève intelligent, ma si c'est impossible, choisis quelqu'un de suffisamment cool pour accepte de te souffler les réponses. Collabore avec les autres : ça facilite la triche et tu peux toujours rejeter la faute sur eux.

Les signes

Entraîne-toi avant avec un partenaire. Ils se révèleront toujours très utiles !

VRAI OU FAUX : D'une main, indique le numéro de la question et de l'autre, pointe ton stylo vers le haut pour vrai ou sur le côté pour faux.

QCM : Tiens ton stylo la pointe vers le haut pour A, vers la droite pour B, vers le bas pour C, vers la gauche pour D, puis casse ton stylo en deux et prends-toi la tête dans les mains quand tu réalises qu'aucun de vous deux ne connaît la réponse.

Vrai

Faux

En solitaire

Tout le monde te laisse tomber ? No problemo.
Voici quelques conseils qui pourront te sauver la mise.

Les "pompes"

Indispensables si tu as le temps. Avant le cours, prends ton livre (ou un ami qui a appris sa leçon) et rassemble tous les renseignements dont tu pourrais avoir besoin. Puis écris-les sur tes chaussures, tes poignets, tes bras, le bord de ta casquette, ta gomme, ton maillot de corps, tes chaussettes, ton pantalon...

Les anti-sèches

Même principe, sauf que tu écris tous les renseignements sur un bout de papier que tu caches dans ta manche, ta braguette ou tout autre endroit discret à consulter.

Le stylo par terre

Fais tomber ton stylo ou ta feuille et mate la copie des autres en te baissant pour les ramasser.

Le p'tit tour au bureau

Utilise ce temps précieux pour prélever des renseignements que tu ne peux obtenir directement des imbéciles assis près de toi.

Conseils d'expert

Fais-toi des amis intellos
•
Soudoie-les
•
Rappelle-leur tout service dû
•
Dors bien la nuit d'avant : un torticolis pourrait tout faire rater
•
Entraîne-toi à avoir le regard fuyant
•
Sois discret
•
Ne sois pas timoré
•
Aie l'air innocent
•
Ne fais pas de bruit
•
Ne te tortille pas sur ta chaise
•
Aie l'air pensif et réfléchi
•
N'attire pas l'attention
•
Regarde autour de toi
•
Garde toujours un œil sur ton prof
•
Fais semblant de connaître ton sujet
•
Ne te fais pas prendre
•
Ne mentionne pas mon nom

ATTENTION : Ces conseils sont donnés dans le seul but de distraire nos lecteurs. Nous nous désolidarisons de toute tentative mal placée de violation du règlement de l'école. Bonne chance quand même.

Alimentation

COMMENT SE TENIR À TABLE

MIAM !
CROUNTCH !
SLURP !

NOUS SAVONS TOUS QU'IL EST IMPORTANT DE BIEN SE TENIR À TABLE. CEPENDANT, CERTAINS D'ENTRE VOUS PEUVENT ÊTRE UN PEU EMBARRASSÉS POUR CE QUI EST DES ASPECTS LES PLUS DÉLICATS DE L'ÉTIQUETTE. N'AYEZ CRAINTE, MES AMIS MAL ÉLEVÉS : VOICI QUELQUES CONSEILS DE VOTRE SERVITEUR QUI SERONT UTILES EN TOUTE OCCASION.

LES COUDES À TABLE

Toujours bienvenus. En fait, ils ne doivent même jamais quitter la table pendant le repas. Ce serait très mal vu !

BANZAÏ !

PASSER LES PLATS

Tout le monde sait que la plus courte distance entre deux points est la ligne droite. Alors je recommande la passe en avant. Des points supplémentaires sont attribués si la nourriture arrive directement dans la bouche du destinataire (déconseillé pour passer de la sauce brûlante).

LE BON USAGE DES USTENSILES

Des ustensiles peuvent s'avérer parfois utiles. Par exemple, si votre petite sœur essaie de prendre du gâteau dans votre assiette, une fourchette se révèlera très pratique. Les petites cuillères font d'excellent rampes de lancement, et les couteaux à ste de très bons cure-dents après le repa

Tu veux toujours connaître le sens de la vie ? Va à la page 62...

MÂCHER

Un bon nombre d'entre vous se sont probablement déjà demandés :«Dois-je mâcher la bouche ouverte ou la bouche fermée ?». C'est une question qui empoisonne l'humanité depuis des millions d'années. Tout ce que je peux vous dire, c'est qu'il y a dans l'univers des énigmes que nous ne résoudrons jamais. Et peut-être est-ce mieux ainsi, mec !

SE SERVIR

Le but est d'empêcher tes frères et sœurs de manger. Si tu mâches le moins possible et que tu fais tout descendre avec plein de soda, tu peux probablement ingérer 3 ou 4 fois plus d'aliments qu'un être humain normal dans la même laps de temps. Alors goinfre-toi, mec!

S'HABILLER

Pour les repas de tous les jours, une serviette géante suffit. Pour les dîners plus élégants, on peut porter certains types de vêtement. Et pour les goûters d'anniversaire, tu n'es PAS obligé de porter un de ces stupides chapeaux, alors ne te laisse pas faire.

MANGER AVEC LES DOIGTS

Certains aliments ne doivent JAMAIS se manger avec les doigts. De base, tout ce que tu peux aspirer avec une paille ne doit pas se manger avec les doigts. C'est-à-dire : la soupe, les épinards, les haricots verts, les fayots, le maïs et la gelée. Pourtant, malgré tous leurs efforts, nos experts ont été incapables d'aspirer un steak avec une paille, alors tu dois le manger avec les doigts.

SLURPER SA SOUPE

Dans ce pays il est bien vu de manger toute nourriture servie sous forme liquide en slurpant. Plus tu slurperas fort, plus tu flatteras ton hôte ou ton hôtesse.

PARLER LA BOUCHE PLEINE

Si tu veux dire quelque chose quand tu as la bouche pleine, tu dois être sûr que ce que tu vas dire est drôle (voir le chapitre «sujets de conversation») et que les autres invités pourront te comprendre.

TRADUCTION
* MA MÂCHOIRE EST BLOQUÉE !!!
** NE PARLE PAS LA BOUCHE PLEINE.

SUJETS DE CONVERSATION

Incite tes parents à donner leur avis sur l'argent, la morale et la politique. Il n'y a rien de plus drôle que de regarder quelqu'un en colère essayer d'avaler et de hurler en même temps.

Les Quatre Groupes Alimentaires

Tu es ce que tu manges, mec, alors mange correctement. Le tableau ci-dessous recense tous les aliments dont tu peux avoir besoin pour te construire un corps sain et solide comme le mien.

(Comme tu peux le remarquer, certains aliments essentiels ne rentrent p[...] dans ces quatre grands groupes alimentaires ; mais comme nous avons p[...] qu'ils sont d'une importance nutritionnelle vitale, nous avons créé des so[...] groupes rien que pour eux).

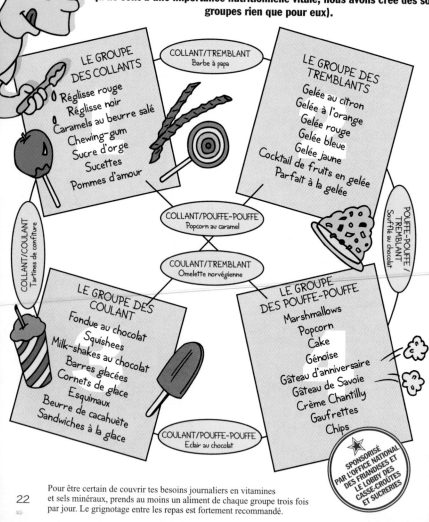

LE GROUPE DES COLLANTS

Réglisse rouge
Réglisse noir
Caramels au beurre salé
Chewing-gum
Sucre d'orge
Sucettes
Pommes d'amour

COLLANT/TREMBLANT
Barbe à papa

LE GROUPE DES TREMBLANTS

Gelée au citron
Gelée à l'orange
Gelée rouge
Gelée bleue
Gelée jaune
Cocktail de fruits en gelée
Parfait à la gelée

COLLANT/COULANT
Tartines de confiture

POUFFE-POUFFE/
TREMBLANT
Soufflé au chocolat

COLLANT/POUFFE-POUFFE
Popcorn au caramel

COULANT/TREMBLANT
Omelette norvégienne

LE GROUPE DES COULANT

Fondue au chocolat
Squishees
Milk-shakes au chocolat
Barres glacées
Cornets de glace
Esquimaux
Beurre de cacahuète
Sandwiches à la glace

LE GROUPE DES POUFFE-POUFFE

Marshmallows
Popcorn
Cake
Génoise
Gâteau d'anniversaire
Gâteau de Savoie
Crème Chantilly
Gaufrettes
Chips

COULANT/POUFFE-POUFFE
Eclair au chocolat

SPONSORISÉ PAR L'OFFICE NATIONAL DES FRIANDISES ET LE LOBBY DES CASSE-CROÛTES ET SUCRERIES

Pour être certain de couvrir tes besoins journaliers en vitamines et sels minéraux, prends au moins un aliment de chaque groupe trois fois par jour. Le grignotage entre les repas est fortement recommandé.

LA PYRAMIDE BARTIENNE D'ÉCHANGE ALIMENTAIRE

Yo, kids ! Vous avez des doutes quant à la valeur d'échange exacte de votre déjeuner ? On vous a dévalisé votre goûter une fois de trop ? Découpez et gardez en poche ce petit guide pratique afin de ne plus vous faire racketter, mecs !

NIVEAU A
1. Glace aux 3 chocolats
NIVEAU B
2. Glace aux 2 chocolats
3. Glace au chocolat tout seul
NIVEAU C
4. Donut au chocolat
5. Cake au chocolat
6. Pudding au chocolat
NIVEAU D
7. Donut nature
8. Barre chocolatée
9. Tranche de cake aux fruits
10. Chips extra-salés
NIVEAU E
11. Bâtonnet de saucisson sec
12. Oeuf dur
13. Fricadelle sauce samouraï
14. Banane extra-mûre
15. Chips light goût paprika
NIVEAU F
16. Yaourt au soja
17. Dattes
18. Chips d'igname
19. Lait de soja (au raisin)
20. Crème de pruneaux
21. Chips sans sel
NIVEAU G
22. Salade niçoise
23. Sandwich à la mayonnaise
24. Quiche Lorraine
25. Jus de légumes
26. Cornichons
27. Lait de soja nature
28. Pain rassis
NIVEAU H
29. Macaronis au jus
30. Tofu con carne
31. Lait caillé
32. Miettes de biscuits
33. Croquettes au maroilles
34. Galettes de riz soufflé
35. Sandwich à la langue
36. Couenne de porc

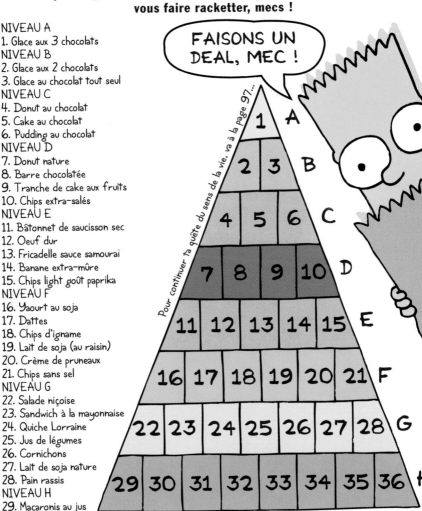

FAISONS UN DEAL, MEC !

Pour continuer ta quête du sens de la vie, va à la page 97...

Chaque produit vaut 2 produits du niveau inférieur.
Par exemple : 2 produits du niveau E
(1 œuf dur + 1 fricadelle) peuvent être échangés
contre 1 produit du niveau D (1 donut nature).

Manger en s'amusant !

BEURK !

Compare le contenu des assiettes à des choses dégoûtantes.
EXEMPLES :

Le tapioca = des yeux de poisson
Les spaghettis = des vers sanglants
Les œufs pochés = des embryons de poulet
Du civet de lapin = du vomi de chat
Les saucisses = des intestins
Du foie = du foie
Des rognons = des rognons

T'as pigé ?

Les sujets suivants : accidents de voiture, os fracturés, accidents défigurants, meurtres en série, petites copines de ton grand frère, dentier de mamie, litière du chat, asticots, larves, chenilles, vers, œufs pourris, crottes de nez, mucus, odeurs corporelles et autres merveilles de la nature, ne manqueront pas d'empêcher un pauvre débile de finir son assiette.

Les bruits corporels sont drôles et distrayants. Essaie-les un par un ou tous à la fois :

Fais un bruit glaireux avec ton nez et ta gorge

Fais semblant de vomir

Joue une symphonie avec tes aisselles

Fais des bruits d'étouffement

STRATAGÈMES À TABLE

Assis au mauvais bout de la table ? Les bonnes choses sont parties avant même d'arriver à toi ? Il ne te reste plus que les choux de Bruxelles et les épinards, et tu n'as plus de sauce pour ta purée ? Il est l'heure d'user de stratagèmes pour avoir ta part ou pour te débarrasser des éléments indésirables, mec ! Essaie ces méthodes pour AVOIR À MANGER :

LA FLATTERIE — Les compliments endorment la vigilance. Essaie quelque chose comme : «Eh mec, t'as l'air sacrément en forme ! Ça t'embêterait d'utiliser ces incroyables muscles pour me passer les dernières frites ?» ou bien «Waouh, mamie, tes dents ont l'air si vraies ce soir ! Ça t'embêterait de les faire briller pour moi en me passant la saucière ?»

LES POTS-DE-VIN — à moment désespéré, initiative désespérée. Essaie quelque chose du genre «Eh Lisa, je te donne 10 balles pour cette dernière côte de porc», puis dis en sourdine «(en 2014) Dis-lui ce morceau après le repas.

CHOISIS !

Au gros nul qui a piqué ce livre (il se reconnaîtra !) : Tu peux dire adieu à tes fesses, mec.

24

POUR SE DÉBARRASSER DE LA NOURRITURE :

L'INATTENTION — Renverse «accidentellement» ton verre. En essuyant, fais glisser tes haricots dans ta serviette en papier et jette-les. Ou bien regarde dehors et crie : «Waouh ! Regardez l'escargot sur la fenêtre !». Dès que tout le monde a le dos tourné, mets ton chou-fleur dans l'assiette de ton petit frère. Quand ils se retournent, dis : «Raté ! Il était vert avec des poils, mais je pense qu'il allait trop vite pour vous».

LE BÉNÉDICITÉ — Il peut également servir de couverture pour se débarrasser des aliments indésirables. Pendant que ta famille a la tête penchée et les yeux fermés, fais tomber ta nourriture sur tes genoux. Fonctionne aussi pour les aliments désirés.

LES ANIMAUX — Normalement les animaux mangent tout. Si tu arrives à mettre quelque chose sur tes genoux, la prochaine étape — dans la gueule du chien — ne devrait pas être compliquée. Pour les animaux difficiles, dissimule les aliments peu appétissants comme les épinards dans un morceau de viande.

CACHE-MÂCHE — Mâche une bonne bouchée de nourriture et montre-la à ton frère ou ta sœur. Puis essaie de leur faire faire la même chose. Le premier à se faire prendre par les parents a perdu.

L'ART CULINAIRE — Certains aliments ne demandent qu'à être sculptés. La purée (mélangée à n'importe quoi) est parfaite, mais la glace, le porridge et la gelée ne sont pas mal non plus. Fais un concours de la plus haute tour. Souviens-toi, l'art ne connaît aucune limite.

LE VERRE À VIN CHANTANT (ou verre à eau) — Ce jeu est vraiment cool. Passe ton doigt mouillé sur le bord d'un verre en cristal, ça fait une note. Elle sera plus ou moins aiguë selon la quantité de liquide dans le verre. Fais jouer tout le monde à table et dirige la symphonie !

LE CRACHEUR DE FEU — Mets en cachette du tabasco dans un verre voisin. Surveille l'effet produit.

TOUS À L'ABRI — Catapulter des aliments, c'est drôle et facile. Il y a toujours une cuillère et à manger sous la main. Essaie de voir jusqu'où ça va... tu seras étonné.

JEUX

LE GRAND CLASSIQUE — Mâche une bonne bouchée de nourriture sans l'avaler. Demande à ta sœur si elle veut que tu la serves. Si elle répond oui, ouvre la bouche et dis : «Choisis !». Les gens adorent !!!

BART !!!

FASCINANTS

TOP 12 DES CÉRÉALES LES MEILLEURES

1. LES MAXI-CHOCO CHICOS DE M. KILLY

2. LES PÉTALES GLACÉS KRUSTY

3. LES PÉTALES EXTRA-GLACÉS KRUSTY

4. LES PÉTALES EXTRA-GLACÉS AU CHOCOLAT KRUSTY

5. LES POTES DE POCHE PLOUF

6. AUSSI BON SUCRÉ QUE SUCRÉ !

7. LES BOMBES SUCRÉES KRUSTY

8. LES PLUTONIOS (LES SEULES CÉRÉALES QUI BRILLENT DANS LE NOIR)

9. LES BOULETS DE CANON AUX FRUITS TAHITI BOB

10. LES KROUSTILLANTS AU KARAMEL KRUSTY

11. LES PÉTALES AUX RETOMBÉES DE SACCHAROSE FALLOUT BOY

12. AARGGLLL !

Le bacon cru fait un excellent masque facial.

L'asperge rend le pipi jaune fluo.

Les cacahuètes et les amandes ne sont pas des fruits secs. La cacahuète est un légume et l'amande un fruit.

Certain pou peuve pondre c œufs forme concomb

Quand on mâche certains chewing-gums à la chlorophylle dans le noir, ils font des étincelles.

Des pommes de terre phylisées retrouvées dans des tombes incas se sont avérées comestibles.

La tomate vient du Pérou.

On peut nourrir 24 personnes avec un œuf d'autruche.

ALIMENTS

à connaître pour se faire mousser !

Un kilo de génoise est aussi lourd qu'un kilo de foie.

Le chewing-gum contient du caoutchouc.

Les oignons étaient si prisés dans l'Égypte ancienne qu'on en vénérait une espèce.

LOUANGE À TOI, DIEU OIGNON !

La pêche est le symbole chinois de l'immortalité.

Le marrara, un plat de viande crue du sud du Soudan, contient de l'urine et de la bile en guise d'aromates.

La Turquie est le plus grand pays consommateur de céréales.

MIAM !

Avant, en Angleterre, les clous de girofle avaient plus de valeur que leur propre poids en or.

24k

Le coca nettoie l'argent ! Mets une pièce sale dans un verre de coca et elle redeviendra brillante !

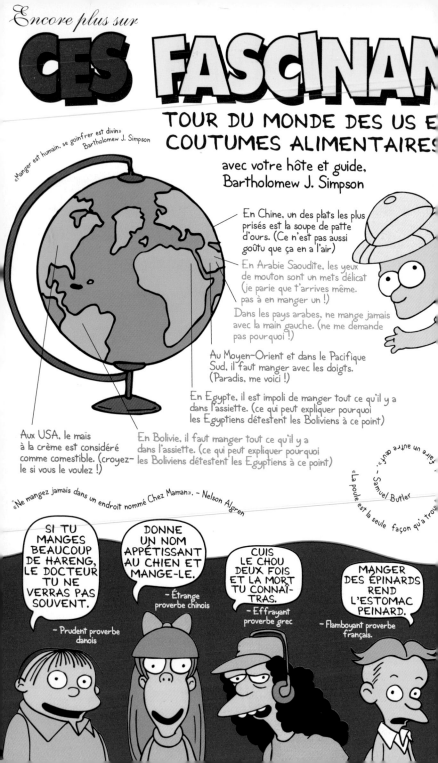

TS ALIMENTS !

ATTENTION !

Les aliments suivants – bien qu'ayant l'air inoffensif et même appétissant – ne sont PAS ce à quoi tu t'attends ! Ne te fais pas avoir par leurs séduisantes appellations.

NOM DE L'ALIMENT	CE QUE C'EST VRAIMENT
Tripes	L'estomac du bœuf
Ris	Le pancréas ou le thymus d'un veau
Abats	Les viscères
Rognons	Le rein
Fromage de tête	Un pâté en gelée fait avec la viande de la tête et des pieds du porc
Mou	Les poumons
Amourettes	Des testicules de bœuf ou de mouton

«D'abord la bouffe, ensuite la morale». – Berthold Brecht

IL FAUT MANGER EN SILENCE, SINON LA TRACHÉE RISQUE DE S'OUVRIR AVANT L'ŒSOPHAGE ET LA VIE EST EN DANGER.

– Le Talmud

UN REPAS SANS HOSPITALITÉ EST SOURCE DE PROSPÉRITÉ.

– Cynique proverbe tamoul

DANS 36 PLATS, IL Y A 72 MALADIES.

– Pessimiste proverbe penjabi

CELUI QUI VEUT DES ŒUFS DOIT SUBIR LE GLOUSSEMENT DES POULES.

– Curieux proverbe hollandais

DIEU NOUS A ENVOYÉ LA VIANDE ET LE DIABLE LES CUISINIERS.

– Amer proverbe anglais

LE DONUT

Pour Un En-Cas Parfait

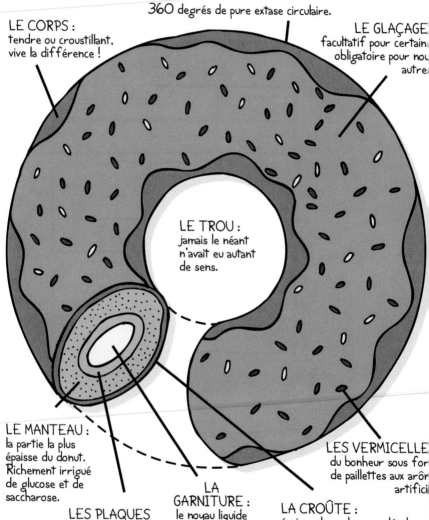

360 degrés de pure extase circulaire.

LE CORPS : tendre ou croustillant, vive la différence !

LE GLAÇAGE facultatif pour certain, obligatoire pour nou autre

LE TROU : jamais le néant n'avait eu autant de sens.

LE MANTEAU : la partie la plus épaisse du donut. Richement irrigué de glucose et de saccharose.

LES PLAQUES DONUTIQUES : la mesure des plaques donutiques par des instruments sensibles peut prévoir l'amplitude future des secousses gastro-intestinales.

LA GARNITURE : le noyau liquide du donut peut atteindre un maximum de 10 000 calories et plus.

LA CROÛTE : épaisse de quelques molécules, elle protège le fragile intérieur du donut des effets nocifs des rayons ultra-violets. Cependant, le réchauffement de la planète menace de détruire cette partie essentielle de la donutosphère.

LES VERMICELLE du bonheur sous for de paillettes aux arôr artifici

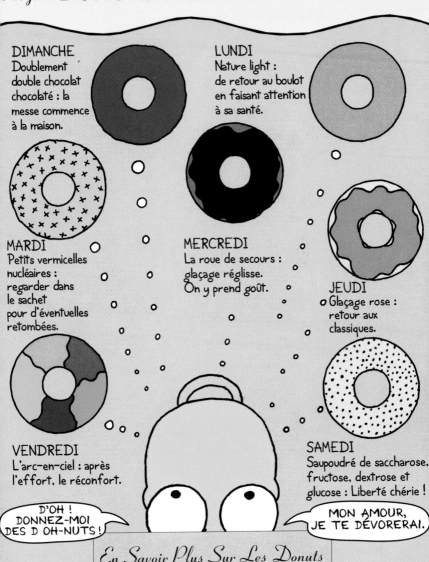

Le régime DONUTS-A-LA-DOUZAINE de Homer

DIMANCHE
Doublement double chocolat chocolaté : la messe commence à la maison.

LUNDI
Nature light : de retour au boulot en faisant attention à sa santé.

MARDI
Petits vermicelles nucléaires : regarder dans le sachet pour d'éventuelles retombées.

MERCREDI
La roue de secours : glaçage réglisse. On y prend goût.

JEUDI
Glaçage rose : retour aux classiques.

VENDREDI
L'arc-en-ciel : après l'effort, le réconfort.

SAMEDI
Saupoudré de saccharose, fructose, dextrose et glucose : Liberté chérie !

D'OH ! DONNEZ-MOI DES D OH-NUTS !

MON AMOUR, JE TE DÉVORERAI.

En Savoir Plus Sur Les Donuts

Les vrais donuts ne sont frits que dans de la graisse animale. N'acceptez aucun produit de substitution !

Un donut en chocolat contient moins de calories qu'un œuf en chocolat.

Un donut apporte moins de 1% des apports journaliers recommandés en quoi que ce soit.

Tremper son donut dans le café fait partie des bonnes manières de nombreux pays.

Quelque part dans le monde, en ce moment, quelqu'un mange un donut.

Le «nut» de Donut signifie «Nutile».

31

Forme & Santé

Les mystères du co

Par Bartholomew Simpson, docteur ès tout

LE CORPS HUMAIN EST UNE CHOSE MERVEILLEUSE, MEC, MAIS LA VRAIE BEAUTÉ EST INTÉRIEURE. SOUS LA SURFACE SE CACHE UN MONDE EFFRAYANT ET DÉGOÛTANT, FAIT DE TRIPES, DE SANG ET DE TROUBLES GLANDULAIRES. JE TE PRÉSENTE ZE HIOUMANE BODY DANS TOUTE SA GLOIRE...

EN BONUS : ÉTONNANTE ANATOMIE !

Vous voulez désespérément connaître le sens de la vie ? Allez jusqu'à la page 51.

Le corps humain contient 3 000 000 de glandes sudoripares.

La peau pèse entre 3 et 5 kilos. Si on l'étalait par terre, elle couvrirait presque 2m². Normalement d'une belle couleur PMS 116, la peau est le plus grand organe du corps humain.

Le vrai nom scientifique du «petit juif» est l'humérus.

Les cheveux les plus longs étaient ceux de Swami Pandarasannadhi, un moine indien. Ils faisaient près de 8 mètres de long.

Le corps humain est composé d'environ 2/3 d'eau.

Une personne respire en moyenne 364 000 m³ d'air durant toute sa vie.

Moins de la moitié d'un rein peut faire le travail de deux reins !

Quand on éternue, l'air est expulsé de nos narines à une vitesse de 150 km/h.

Des scientifiques ont récemment découve que l'appendice joue un rôle vital et que l'enleve peut entraîner la mort.

Si on t'enlève les dents de sagesse, tu deviendras imprudent.

CHEVEUX LA VÉRITÉ !

Voici à quoi ressemblent tes cheveux en coupe transversale s'ils sont :

 Raides

 Bouclés

 Frisés

 Permanenté

rps humain

NE ME DÉTESTE PAS PARCE QUE JE SUIS BEAU, MEC.

Caboche

Âme d'enfant

Dent de sagesse

Tenue de soirée

Petit juif

Petit doigt

Côtes

Côtelettes

Usine à gaz

Tuyauterie

Points de côté

Pied de sportif

Grosse arcade sourcilière (signe d'intelligence supérieure)

Pifomètre

Pomme d'Adam

Palpitant

Centrale odoriférante

Fourchette

Soufflerie

Pancrêpe-as

Îlôts de Langerhans

Canali-sation

Talon d'Achille

Les quatre petits cochons

Les remèdes miracles du Dr Bar

S'ILS MARCHENT, C'EST UN MIRACLE !

HOQUET

1. Mets ton coude dans la bouche et laisse-le pendant 30 minutes.

2. Retiens ta respiration et bois un grand verre d'eau sans t'arrêter de respirer.

3. Retourne tes poches.

4. Si ça ne marche pas, retourne les poches de quelqu'un d'autre.

5. Mets-toi une poubelle sur la tête et demande à quelqu'un de faire les Tambours du Bronx.

6. Mange une cuillérée de sucre.

7. Fais rouler quelqu'un sur tes orteils avec un skate-board.

8. Mets-toi nez à nez avec quelqu'un que tu détestes et regarde-le/la pendant 15 minutes.

9. Mets des glaçons dans tes chaussures et fais 36 pas à reculons.

10. Pense à trois chauves.

11. Mets des doryphores dans un sac et attache-le autour de ton cou.

12. Fais le poirier.

13. Accuse quelqu'un de quelque chose qu'il n'a pas fait.

14. Respire dans un sac en papier.

15. Fais du saut à l'élastique

16. Mets-toi du sel sur la langue.

17. Mords-toi les pouces et souffle fort dessus pendant une minute.

18. Ecris 50 fois au tableau "Je n'aurai pas le hoquet".

19. Siffle dans le noir.

20. Mange 10 barres chocolatées. Et tant pis si le hoquet ne s'arrête pas

36

La vraie réponse au sens de la vie se cache p.137...

COUPS DE SOLEIL

Mets un Squishee glacé sur la zone concernée. Enlève toujours le couvercle avant.

Pour les brûlures plus graves, recouvre ton corps de gelée à la myrtille mélangée à la purée d'avocat. Parsème de mini-marshmallows.

VERRUES

Il y a un conte de bonne femme qui dit que les grenouilles donnent des verrues. C'est faux. En fait, les grenouilles soignent les verrues. Pour te débarrasser d'une verrue, consacre au moins une heure par jour à caresser, câliner et embrasser une grenouille. Au bout de quelques années, voire avant ça, la verrue disparaîtra.

RHUME DES FOINS

Étale de la pâte à gaufre sur et autour du nombril. Laisse reposer toute la nuit. ATTENTION : Si pendant la nuit, tu te mets sur le ventre, il se peut que tu aies du mal à sortir du lit le matin.

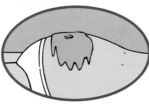

TOUX

Les grenouilles sont aussi d'excellents remèdes contre la toux.
Pour te débarrasser d'une toux, mets-toi une grenouille vivante dans la bouche, puis relâche-la. Recommence 3 fois. La toux devrait disparaître, peut-être.

Ou bien mange plusieurs coupes de glace au chocolat, suivies d'une bonne poignée de bonbons à la menthe. Fais descendre le tout avec une bouteille de whisky.

ACNÉ

Recouvre tes boutons avec du sur-ligneur jaune.

Si les symptômes persistent, couvre-toi la tête d'un sac en papier.

SPLEEN

a. Evite toute activité scolaire pendant au moins une semaine.

b. Le corps doit être maintenu en position allongée, de préférence dans le salon, sur un grand et confortable divan.

c. La lecture intensive de BD et des doses massives de dessins animés sont recom-mandées. Ces activités ont cliniquement prouvé qu'elles accéléraient la guérison.

RAGE DE DENTS

Malheureusement, il n'y a aucun remède. Cependant, les rages de dents sont efficaces pour guérir l'obésité.

SI TOUT RESTE SANS EFFET, PRENDS DEUX ASPIRINES ET APPELLE-MOI DEMAIN MATIN, MEC.

L'art du BAIN

"Bah, fastoche", tu penses ? Taratata !
Le bain n'est pas seulement une manière
géniale de tirer au flanc sans s'attirer
d'ennuis, ça éloigne aussi les mouches, mec.

Règle n°1 :
ne coince PAS
ton orteil dans
le robinet !

L'enveloppe
d'une bulle a une
épaisseur de quelqu
millionièmes de
centimètre.

PRÉPARATION

Tu as besoin de :
1. Une serviette
2. Des jouets
3. Une saine
   indifférence
   envers les autres

PROCÉDURE

1. Fais couler l'eau.
2. Une fois que la baignoire
   est suffisamment remplie,
   plonges-y.
3. Enlève d'abord
   tes vêtements.

LE SAVIEZ-VOUS ?

Au VIe siècle avant J.-C.,
les Phéniciens furent les premiers
utilisateurs de savon. Ils le fabriquaient
en faisant bouillir de la graisse
de chèvre, de l'eau et
de la cendre.

C'est la chaleur
et la sécheresse
qui font éclater les bulles,
pas les objets pointus.
Tu peux planter un
couteau dans une bulle
sans la faire éclater.

LE MYSTÈRE SECRET DES GRANDS PLAISIRS DU BAIN SON 3D-3000

Sais-tu faire
des bulles dans
la baignoire sans utiliser
ton nez ou ta bouche ?
C'est plus facile
que tu ne crois !

38

POUR LES TÉMÉRAIRES

1. Le pruneau humain
Reste dans la baignoire le plus longtemps possible (au moins une heure). Quand tu sortiras, ta peau sera toute ridée. Tu peux alors flanquer la frousse à tes jeunes frères et sœurs en leur disant que tu as attrapé dans la baignoire une maladie de peau bizarre, incurable et extrêmement contagieuse.

2. Le raz-de-marée
Déclenche une "tempête en mer" en faisant tourbillonner l'eau de la baignoire. Regarde tes petits bateaux et tes canards en caoutchouc lutter en vain pour ne pas couler face à la terrifiante majesté de "Jim l'Ouragan" ou "Bob le Typhon".

3. 20 000 lieues sous les bulles
Mets ta tête sous l'eau et regarde combien de temps tu peux retenir ta respiration. Ou bien, si tu aimes le grand frisson, ouvre les yeux sous l'eau (s'il n'y a pas trop de savon) et regarde autour de toi, si tu oses !

4. Le jacuzzi instantané
Mets plusieurs poignées de cachets effervescents dans l'eau. Abandonne-toi aux délices de ton propre chaudron bouillonnant.

BAIN OU DOUCHE ?

BAIN
Avantage : L'effet apaisant d'un séjour prolongé dans l'eau bien chaude.

Inconvénient : La lente prise de conscience qu'on baigne dans sa propre crasse.

DOUCHE
Avantage : Tu peux y chanter sans que ça sonne faux.

Inconvénient : La désillusion quand on essaie de chanter une fois sorti.

ATTENTION !
N'apporte pas les objets suivants dans ton bain :
- des tortues hargneuses,
- de la pâte à crêpes lyophilisée,
- des piranhas,
- du ciment à prise rapide.

Le monde fou, fou, fou des coiffures en mousse

Le bouffon du roi

La maman

Le sémillant dieu Pan

Krustina la clown

Louis XIV
Essaie tes propres modèles !

39

Si tu as des BÉBÊTES

NOUS NE SOMMES PAS SI MÉCHANTES QUE ÇA !

LA MAUVAISE NOUVELLE

Les bébêtes peuvent se transmettre par la salive, la peau et même des objets intermédiaires comme les livres, les sandwiches entamés et les vêtements empruntés.

LA BONNE NOUVELLE

On peut souvent se débarrasser des bébêtes en les «refilant» à une autre victime méritante.

LE «REFILAGE DE BÉBÊTES»

Cependant, si la technique de "refilage" ne marche pas, ou si tu ne trouves personne à qui refiler tes bébêtes, nous suggérons la chose suivante :

BÉBÊTES !

FRAPPE LA VICTIME DANS LE DOS, ET PRENDS TES JAMBES À TON CO[...]

PREMIERS SECOURS

1. Frotte immédiatement la zone infectée avec de l'eau oxygénée et un tampon récureur. Il se peut qu'une rougeur apparaisse, mais elle devrait s'atténuer.

2. Garde la zone infectée au sec.

3. Quoi qu'il arrive, ne te gratte pas, mec !

4. Si les symptômes persistent, va voir ton médecin ou un entomologiste digne de confiance, celui qui conviendra le mieux.

INNOCENTE VICTIME

BÉBÊTES : LA VÉRITÉ !

IL Y A DE NOMBREUSES LÉGENDES SUR LA BÉBÊTE. SÉPARONS L'INFO DE L'INTOX

1. Il n'y a aucune mesure préventive contre les bébêtes. Vrai. Cependant, la prudence et des réflexes rapides peuvent servir.

2. La bébête a un QI peu élevé. Faux. Des scientifiques ont même pu entraîner des bébêtes à sauter à travers des cerceaux microscopiques.

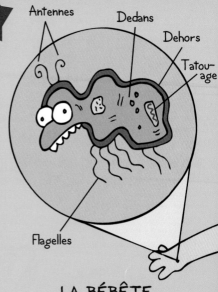

Antennes · **Dedans** · **Dehors** · **Tatouage**

Flagelles

LA BÉBÊTE
(agrandie 10 000 000 de fois)

LE GUI : feuillage inoffensif ou dangereuse décoration ?

OH, BAAART!

LA BONNE NOUVELLE
Une fois que tu atteins la puberté, tu n'es plus prédisposé aux bébêtes.

LA MAUVAISE NOUVELLE
Une fois que tu atteins la puberté, tu es prédisposé à l'acné, entre autres choses.

DANGEREUX AGENTS DE TRANSMISSION

Secrets

PAR MARGE SIMPSON
Déesse des **Esthètes**

Pour enlever les rides, dors avec un masque au yaourt une fois par semaine. Auparavant, touille-le pour faire remonter les fruits.

Mélange ton fond de teint à du colorant alimentaire orange pour un effet plus naturel.

Au lieu de te servir d'un sèche-cheveux, utilise une machine à barbe à papa.

La Pesanteur est l'Ennemi Numéro Un de la Beauté ; soutiens bien ce que tu avances.

Donne plus de peps à tes cheveux grâce à l'électricité statique.

Arrache-toi les sourcils.

N'arrache pas les poils de nez qui dépassent ; tu peux en mourir. Utilise plutôt un petit sécateur.

Remplace les bigoudis conventionnels par des balles de ping-pong. Tes cheveux n'en seront que plus volumineux.

Veille toujours à ce que ton collier soit assorti à tes chaussures.

Si tu doutes de ta coiffure, utilise la laque.

Veille à ce que tes vêtements conviennent à ta personnalité. Souviens-toi des quatre herbes : persil, sauge, romarin et thym.

La meilleure façon de garder ton teint de pêche, c'est, bien sûr, le masque à la purée de pêc
Enlève bien la peau.

Rentrer le ventre affine non seulement la taille, ça laisse aussi plus de place au ventre du partenaire.

Redresse tes cils afin qu'ils pointent vers le hau
Cela accentue le regard bé
d'admiration pour ton bien
aimé.

Pour conserver cet irrésisti
«éclat intérieur», visite
la centrale nucléaire la plu
proche de chez toi une fo
par semaine.

La grossièreté et la vulgari
sont impardonnables
chez une dame ; c'est
l'apanage des hommes.

Après le bain, passe-toi l'e
des toilettes sur tout le corp
pense à tirer la chasse avar

N'expose jamais ton menton au soleil.

Le secret de beauté n°1 des Simpson est d'avoir une charmante personnalit

Tu dois boucler ta ceinture au dernier cran. Cela montre que tu vis ta vie au maximum.

Si tu as la chance d'être chauve, fais briller ton crâne pour que l'élue de ton cœur puisse s'y refléter.

Tire le maximum de ton slip en le retournant. Yes, comme neuf !

Reste en contact avec ton âme d'enfant en grognant et en te frappant fréquemment sur le ventre.

Évite le travail à tout prix. Il provoque sueur et durillons disgracieux.

Le chemin vers le cœur d'un homme passe par son estomac. Montre à ta bien-aimée que tu as beaucoup de cœur.

Une excellente façon de montrer ta liberté d'esprit est de roter sans complexes, comme un homme.

de Beauté

PAR HOMER SIMPSON
As de la
Classe

Tu veux vraiment connaître le sens de la vie? Va p.65...

La coiffure d'un homme ne doit pas excéder la hauteur d'une boule de croquet.

Les boutons des vêtements sont l'œuvre du diable — évite-les.

Le cercle est la forme la plus parfaite de l'univers ; fais tout ton possible pour y parvenir.

Porte toujours des mocassins. Comme ça, tu n'as pas besoin de voir tes pieds pour les enfiler.

Fais preuve de prévenance dès que possible. En fin de soirée, une barbe dure peut être utile pour aider ta petite amie à se démaquiller.

La farine est un substitut bon marché du talc. Saupoudrée sur le corps juste après la douche, elle permet de garder les vêtements en place toute la journée.

Un savant mélange d'odeur de hot-dogs épicés, d'oignons et de bière fait tomber les femmes comme des mouches.

Un bouquet de fleurs peut l'emballer, mais ce ne sera rien à côté d'un beignet.

N'expose jamais ton menton à la pluie.

Laisse tout pendre.

43

Travail & Argent

À FAIRE

25 SUPER TRUCS À FAIRE
QUAND TU SERAS GRAND

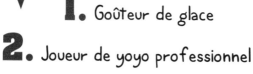

1. Goûteur de glace

2. Joueur de yoyo professionnel

3. Embaumeur

4. Millionnaire

5. Charmeur de serpents

6. Vampire

7. Milliardaire

8. Producteur de films de série

9. Pilote de Monster Tru

10. Cobaye pour le bare foot

11. Funambule

12. Pilote d'OVNI

13. Chanteur de karaoké professionnel

14. Plongeur à Acapulco

15. Dompteur de lions

16. Vendeur de matraques

17. Sorcier

18. Champion de skateboard

19. Professeur fou

20. Tatoueur

21. Agent secret

22. Pro du golf miniature

23. Monte-en-l'air

24. Testeur de jeux vidéo

25. Trillionnaire

AÏE ! DÉSOLÉ
AÏE ! DÉSOLÉ
AÏE ! DÉSOLÉ

47

25 TRUCS À NE PAS FAIRE
QUAND TU SERAS GRAND !

1. Mime de rue

2. Liposuceur

3. Perruquier

4. Galérien

5. Prisonnier politique

6. Ramasseur de déchets radioactifs

7. Lécheur d'enveloppes

8. Mannequin pour Crash Test

9. Laveur de vaisselle

10. Faiseur d'animaux en ballon de baudruche

11. Ecrivain de roman à «l'eau de rose»

12. Présentateur (-trice) de téléachat

13. Emballeur de saindoux

14. Rangeur de quilles de bowling

15. Victime de sacrifice humain

16. Cuisinier pour chiens

17. Réparateur de fosse septique

18. «Plus gros homme du monde» dans un cirque

19. Agent d'entretien dans un cinéma porno

20. Vieux (ou jeune) réac !

21. Eleveur de sangsues

22. Testeur de rouge à lèvres

23. Assistant souffre-douleur d'un présentateur télé

24. Spécialiste des verrues

25. Clone de ses parents

49

BART SIMPSON PRÉSENTE SON GUIDE PRATIQUE DU

TRAVAIL

ET COMMENT L'ÉVITER À TOUT PRIX

> NOTRE DEVISE : 99% D'INSPIRATION POUR SEULEMENT 1% DE TRANSPIRATION, MEC !

SANS S'ATTIRER D'ENNUIS !

Le véritable tire-au-flanc est un artiste persévérant et consciencieux. Ce genre de chose nécessite du talent, mec. Alors si tu ne réussis pas du premier coup, eh bien, ça ne vaut probablement pas le coup d'essayer d'aller plus loin, et peut-être que tout ce qu'il te reste à faire, c'est d'aller en cachette au cinéma avant que tes parents ne t'attrapent pour te donner encore des corvées à faire.

Mais si tu penses que tu peux y arriver du premier coup, alors teste quelques-unes de ces techniques brevetées, à l'épreuve des parents.

1. Ne t'attarde jamais trop longtemps après un repas. Ceux qui restent se retrouvent à devoir débarrasser la table. Ceux qui se sauvent peuvent regarder la télé !

2. Trouve toujours quelque chose de plus important à faire. Par exemple : Quand on te demande de ranger ta chambre, dis que tu fais tes devoirs. Quand on te demande de faire tes devoirs, dis que tu ranges ta chambre. Ils n'y voient que du feu !

3. Dis «C'est au tour de DIS LE NOM DE TON PETIT FRÈRE LE PLUS FAIBLE ! Je l'ai fait la semaine dernière !». Cette ruse étonnamment simple marche souvent puisque tes parents ne se souviennent jamais de grand chose et qu'ils dépendent de toi pour être au courant.
ATTENTION : Nous te conseillons de ne pas refiler les corvées à des frères ou sœurs plus âgés, plus sournois ou plus forts que toi, tu pourrais le regretter.

4. Simule un intérêt pour la lecture. Mets ton numéro préféré de Radioactive Man dans un bon gros livre bien intello, plonge-toi dedans et détends-toi, mec. En général, les parents sont si contents de ta nouvelle passion qu'ils ne t'embêteront pas pendant des mois. S'ils commencent à avoir des soupçons, ou qu'ils finissent par te demander de faire quelque chose, dis-leur d'un ton offusqué : «Vous ne voyez pas que j'essaie de me cultiver ?!». Puis quitte la pièce en râlant.

LAISSE-MOI TRANQUILLE, MEC ! JE SUIS SUR LE POINT DE COMPRENDRE L'UNIVERS.

5) Remets toujours tout à plus tard jusqu'à ce que tes parents comprennent que ça leur prendra moins de temps de faire la corvée eux-mêmes que de te montrer comment la faire. Il faut un peu de patience, mais le résultat en vaut la chandelle, mec.

6) Si tu désespères vraiment de pouvoir échapper à l'ingratitude de ces pénibles travaux, envisage d'avoir une activité après l'école. Cependant, je te préviens, ça peut être aussi épuisant, si ce n'est plus, que les corvées domestiques. Tu pourras aussi être sujet à d'humiliants rituels et obligés de porter des vêtements ridicules. Recommandé en dernier recours seulement.

7) Fais semblant d'être blessé ou malade. Tu n'auras pas à lever le moindre petit doigt et tu auras le PRIVILÈGE ULTIME d'être servi comme un prince par tes méchants chefs de corvée eux-mêmes — tes parents !

LA VIEILLE STRATÉGIE DE «DANS MON SEAU Y'A UN GRAND TROU»

Technique exclusive pour tirer au flanc Bart Simpson ™

Si tu dois savoir ce qu'est le sens de la vie, va p.123

BART ! VA BALAYER L'ALLÉE !

AVEC QUOI DOIS-JE LA BALAYER ?

ESSAIE LE BALAI !

LE MANCHE EST CASSÉ.

ALORS RÉPARE-LE !

AVEC QUOI ?

ESSAIE UNE TRINGLE À RIDEAU.

MAIS UNE TRINGLE, C'EST TROP LONG.

ALORS COUPE-LA !

AVEC QUOI ?

AVEC LA SCIE.

OÙ EST LA SCIE ?

DANS LE GARAGE.

LE GARAGE EST TROP SALE.

ALORS NETTOIE-LE.

AVEC QUOI DOIS-JE LE NETTOYER ?

AVEC LE BALAI !

MAIS LE MANCHE EST CASSÉ.

RÉPÈTE SI NÉCESSAIRE JUSQU'À CE QUE TES PARENTS COMPRENNENT.

L'ARGENT FACILE

C'est l'an 2000. Vendre de la limonade n'est plus assez rentable, mec. Pour 10 balles, t'as plus rien. Voici quelques idées pour te faire du cash vite fait bien fait !

LA MANIÈRE DIFFICILE

$ Le loto (évidemment)

$ Le porte-monnaie de ta mère
Le bon filon assuré (surtout le vendredi), mais fais attention. Si elle ne te coince pas, ta culpabilité s'en chargera.

$ Extorsion/Chantage
Vole le journal de ta sœur, les reconnaissances de dettes de jeu de ton père, les magazines cochon de ton frère – tout ce que doivent ignorer les autres membres de la famille et demande-leur de l'argent s'ils veulent les récupérer. Attention : cette méthode peut avoir pour conséquence ta disparition mystérieuse et soudaine.

LA MANIÈRE PLUS DIFFICILE

$ Information
Nous vivons à l'Ère de l'Information. La connaissance, c'est le pouvoir. Garde les oreilles et les yeux ouverts et détermine qui peut bénéficier au mieux de ce que tu vois et entends, puis offre tes informations contre de l'argent. Les bookmakers et les agents de change font ça tous les jours.

$ Récompenses

On les offre pour plusieurs choses : des chats perdus (regardez sur les cabines téléphoniques autour de chez vous) à des preuves de l'existence du Bigfoot.

• Le Projet Bigfoot à Seattle, état de Washington, est prêt à donner 1000$ pour des restes authentiques (poils, crâne, dents ou os) d'un vrai Sasquatch (un yéti des bois). Essaie de les gruger avec le dentier de ton grand-père.

• «Loft Story» : des poules se sont échappées du loft et M6 tient absolument à les récupérer car ce sont les seules créatures dotées de cerveaux de l'émission. Alors adresse-toi à M6 pour avoir une récompense si tu trouves une volaille répondant au nom de Loana, Kimy ou Kenza.

• Cutty Sark (à Londres en Angleterre) donne 10 millions de francs à la personne qui capturera le vaisseau d'une créature de l'espace. C'est vrai. Alors regarde les étoiles !

PERDU CHAT
REPONDANT
AU NOM DE FLOCON
RÉCOMPENSE
ASSURÉE

LA MANIÈRE VRAIMENT DIFFICILE

$ Le travail manuel (beurk !)

En dernier recours, un bon nombre d'entre nous est obligé d'accomplir les besognes les plus basses et les plus indignes. Quelques grands classiques résistent à l'épreuve du temps :

• Laver des voitures (à 30F la voiture tu peux gagner 60F en une heure, ce qui n'est pas si mal).

• Tondre des pelouses (même rapport temps/salaire).

• Nettoyer des garages (profite du fait que personne n'aime ça).

COMMENT OBTENIR L'ARGENT QUE TU MÉRITES

➤ OU ➤

Comment Négocier Son Argent de Poche Sans Recevoir de Fessée

RÈGLE N°1 :
TES PARENTS
VEULENT TON
BONHEUR.

RÈGLE N°2 :
L'ARGENT FAIT
LE BONHEUR.

ALORS DONNE-MOI DU FRIC, MEC.

LIBERTÉ, ÉGALITÉ, FILE-MOI DU BLÉ

Des conseils utiles de votre ami financier, Bartholomew J.(pour jillionnaire) Simpson

Au misérable vermisseau qui a piqué ce livre :
au cas où tu aurais oublié, tu n'as plus
longtemps à vivre, mon pote.
L'œil de Bart te regarde.

À quoi sert l'argent :
acheter ses amis, acheter l'amour,
perdre stupidement au jeu, écraser
les gens avec sa limousine, payer
des nègres pour qu'ils écrivent ce livre
à ta place, faire chanter les délégués
de classe, acheter les profs pour avoir
une meilleure note au contrôle
de maths, faire envie aux autres,
acheter tous les bonbons qui existent
et les manger d'un seul coup
sans avoir l'air ridicule.

L'ART DE LA NÉGO'

1. L'élégance est un plus.

Coiffure débile

Nœud pap' nullos

Chaussures cirées à la salive.

Mi-bas

POUVEZ-VOUS M'ACCORDER UN PEU DE VOTRE TEMPS PRÉCIEUX, TRÈS CHERS?

2. Adopte une attitude agréable, mais ferme.

J'AI BIEN PEUR QUE VOTRE AUGMENTATION DE 2F PAR SEMAINE NE SOIT SIMPLEMENT INACCEPTABLE.

3. Sers-toi des faiblesses de tes adversaires.

VOUS SAVEZ QUE JE VOUS AIME, N'EST CE-PAS ?

ET VOUS M'AIMEZ, NON ?

4. Commence par accepter des arrangements mineurs et prépare le terrain pour les plus sérieux.

5. Suscite et dirige leurs émotions vers le but souhaité.

MAIS SI VOUS M'AIMEZ, COMMENT POUVEZ-VOUS ME FAIRE SUBIR L'HUMILIATION CONSTANTE DE NE JAMAIS AVOIR ASSEZ D'ARGENT POUR ACHETER DES CARTES D'ANNIVERSAIRE À MA FAMILLE ADORÉE.

6. Exprime tes besoins avec clarté.

ALORS TOUT CE QUE JE DEMANDE, C'EST 400 PETITS FRANCS PAR SEMAINE.

7. Reformule ta demande de manière diplomatique.

EH BEN QUOI, ÇA FAIT QUE QUELQUES CENTIMES LA MINUTE!

8. Passe à la mise à mort.

PEUT-ÊTRE CES QUELQUES PHOTOS COMPROMETTANTES VONT-ELLES AIDER LES CORDONS DE LA BOURSE À SE DÉLIER?

9. Et souviens-toi de toujours rassurer une dernière fois.

TU AS FAIT LE BON CHOIX, ESPÈCE DE P'TITE CANAILLE.

55

Sommeil

LA CHAMBRE DE

1. Observatoire de nuit avec télescope intergalactique méga-puissant
2. Portrait peint par le plus grand génie du XXe siècle
3. Tableau des formes de vie alien
4. Terrain de basket privé
5. Armoire avec sélecteur de vêtements automatique
6. Ensemble audiovisuel complet avec relais direct à Krusty Channel
7. Combat de maquettes d'avions de chasse
8. Réfrigérateur personnel approvisionné en cochonneries
9. Magnétoscope à rêves
10. Réveil miniature branché sur hard-rock
11. Machine à arrêter le temps E=MC2 avec régulateur de ronflements
12. Robots "Serveur-P'tit-Déj" et "Bonne-Fringale-de-Minuit"
13. Porte blindée à l'épreuve des parents
14. Système de détection de petite sœur
15. Mur transparent abritant une ferme à fourmis géante
16. Serrure à reconnaissance digitale
17. Machine à tatouer
18. Couverture phosphorescente
19. Matelas à eau transparent contenant des piranhas vivants
20. Système d'alarme pour énurésie Pipiholi ™
21. Oubliette secrète
22. Bureau qui fait les devoirs
23. Trappe donnant sur une cage aux tigres
24. Chiens de garde derrière une porte en plomb de 5cm d'épaisseur
25. Collection complète des Radioactive Man et catcheur professionnel pour me lire des histoires avant de dormir

La chambre de mes rêve

par Lisa Simpson

SOUPIR !

1. Au plafond, carte phosphorescente des constellations
2. Lucarne géante pour lire le jour et regarder les étoiles la nuit
3. Mobile de Calder
4. Gargouilles gothiques
5. Bibliothèque du sol au plafond avec échelle sur roulettes
6. Galerie de portraits de femmes exemplaires à travers l'histoire
7. Girouette en forme d'étalon blanc
8. Photo dédicacée de Murphy «Gencives Sanglantes»
9. Kit complet Malibu Stacy avec la maison de poupée et la garde-robe
10. Bouquets de fleurs fraîches du monde entier
11. Détecteur automatique de Mouvement Oculaire Rapide afin de contrôler l'évolution du sommeil
12. Sélection de rêves de femmes célèbres : rencontre en dormant Marie Curie, Simone Veil, Sappho et bien d'autres
13. Oreiller pour l'apprentissage subliminal nocturne de langues étrangères
14. Moutons duveteux à compter pour s'endormir
15. Femme de chambre
16. Guitariste classique pour sérénades vespérales
17. Edredon en duvet fait en patchwork des portraits des plus grands jazzmen
18. Téléphone de chevet privé avec ligne directe pour appeler les amis et les conseillers municipaux
19. Bureau en coquillages et en fossiles
20. Microscope subatomique sur bureau-laboratoire totalement automatisé
21. Tapis en gazon

61

COMMENT RESTER DEBO

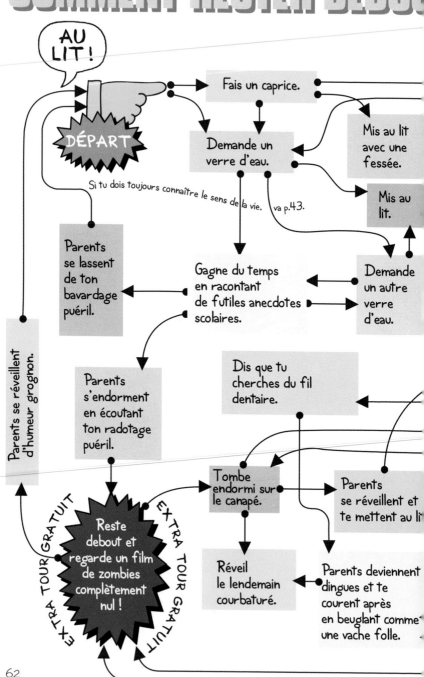

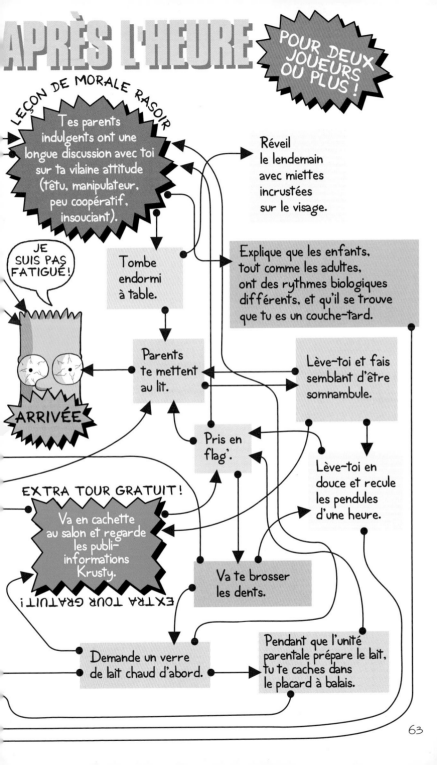

APRÈS L'HEURE

POUR DEUX JOUEURS OU PLUS !

LEÇON DE MORALE RASOIR
Tes parents indulgents ont une longue discussion avec toi sur ta vilaine attitude (têtu, manipulateur, peu coopératif, insouciant).

Réveil le lendemain avec miettes incrustées sur le visage.

JE SUIS PAS FATIGUÉ !

Tombe endormi à table.

Explique que les enfants, tout comme les adultes, ont des rythmes biologiques différents, et qu'il se trouve que tu es un couche-tard.

ARRIVÉE

Parents te mettent au lit.

Lève-toi et fais semblant d'être somnambule.

Pris en flag'.

Lève-toi en douce et recule les pendules d'une heure.

EXTRA TOUR GRATUIT !
Va en cachette au salon et regarde les publi-informations Krusty.

¡ TIUTARG RUOT ARTXE

Va te brosser les dents.

Demande un verre de lait chaud d'abord.

Pendant que l'unité parentale prépare le lait, tu te caches dans le placard à balais.

63

Tes Rêves

SI TU RÊVES QUE...	ÇA VEUT DIRE QUE...
tu es nu dans un centre commercial	tu vas devenir lutteur professionnel.
tu es poursuivi par un calamar géant	tu vas avoir de l'urticaire.
tu te fais couper les cheveux par des policiers en tutu	tu vas avoir un passe pour aller backstage à un concert.
tu as un œil au beurre noir	tu vas être la victime d'une farce.
tu flottes dans une cuve de pâte à crêpe	les cartes vont être en ta faveur.
tu es assis sur des punaises	un chien va te mordre.
tu es entraîné dans le ciel par un cerf-volant	tu vas devenir une vedette de cinéma.
tu vends des betteraves à des cochons qui parlent	tu vas aller au bureau du principal.
tu roules sur un skateboard noir	tu vas semer la terreur dans le cœur de tes ennemis.
tu sautes d'un avion sans parachute	quelqu'un va nouer tes lacets ensemble.

et ce qu'ils essaient de te dire :

SI TU RÊVES QUE...	ÇA VEUT DIRE QUE...
tu nages dans un lac de Squishee	l'argent va se coller à toi.
tu es aussi fragile qu'une fleur	tu vas avoir mauvaise haleine.
tu te fais un gargarisme au maïs à la crème	tu vas rejoindre un cirque.
tu luttes avec un poisson	les choses vont te glisser des doigts.
tu danses avec un hot-dog	tu vas aller dans un parc d'attractions.
il pleut des cheminées	tu vas avoir mal à la gorge.
tes parents sont des quilles de bowling	un de tes vœux va être exaucé.
tu joues à la marelle sur ton propre estomac	tu vas vider tes tripes.
tu voues un culte aux lapins	tu vas créer un empire médiatique.
tu rêves que tu es dans un rêve	tu regardes trop la télé.

Tu réfléchis toujours au sens de la vie ? Va p. 36...

65

Parents

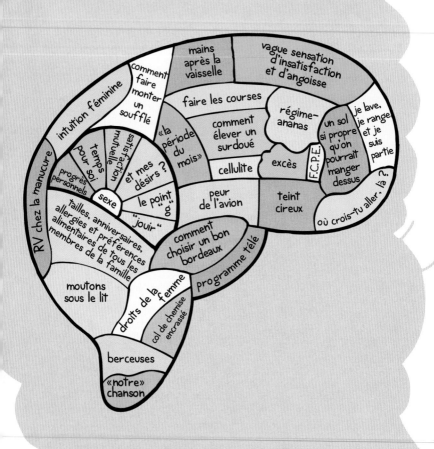

À Quoi Les Pa

68

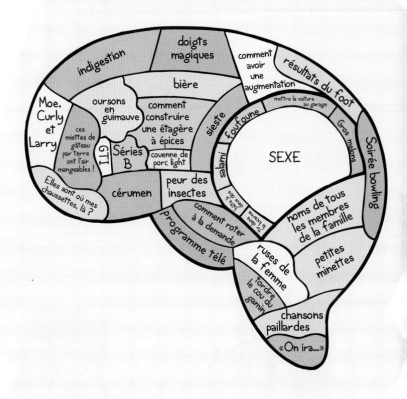

indigestion

doigts magiques

comment avoir une augmentation

résultats du foot

bière

Moe, Curly et Larry

oursons en guimauve

comment construire une étagère à épices

sieste

foufoune

mettre la voiture au garage

Gros melons

Soirée bowling

ces miettes de gâteau par terre ont l'air mangeables !

GTI

Séries B

couenne de porc light

salami

SEXE

Elles sont où mes chaussettes, là ?

cérumen

peur des insectes

comment roter à la demande

faire dodo une demi-heure de plus

noms de tous les membres de la famille

programme télé

ruses de la femme

petites minettes

tordre le cou du gamin

chansons paillardes

«On ira...»

rents Pensent

QUAND ILS PENSENT

LEURS MENSON

JE FAIS ÇA POUR TON BIEN.

SI TU ME DIS TOUT, JE JURE DE NE PAS ME FÂCHER.

SI TU LOUCHES, TES YEUX RESTERONT COMME ÇA.

JE NE LE DIRAI PAS DEUX FOIS.

À TON ÂGE, JE DEVAIS FAIRE 10 KM À PIED POUR ALLER À L'ÉCOLE.

SI TU FINIS TES CAROTTES, TU POURRAS VOIR DANS LE NOIR.

...GES PRÉFÉRÉS

SI TU MONTRES DU DOIGT, TU VAS ATTRAPER DES VERRUES.

TU COMPRENDRAS QUAND TU SERAS PLUS GRAND.

UN JOUR TU ME DIRAS MERCI.

TU VAS LE REGRETTER.

SI TU FAIS CRAQUER TES DOIGTS, TU VAS AVOIR DE L'ARTHRITE.

QUOI QU'IL ARRIVE, TA FAMILLE SERA TOUJOURS LÀ POUR TOI.

Comment Rendre Tes Parents Cinglés

DANS LA VOITURE

2. Oublie d'aller aux toilettes avant un long voyage.

3. Demande toutes les 30 secondes «On est bientôt arrivés ?»

4. Attends d'être sur une portion d'autoroute déserte et peu fréquentée et dis que tu as très faim.

5. Pleurniche.

6. Fais un concours avec ta petite sœur pour voir qui a la voix la plus aiguë.

7. Propose de conduire la voiture pendant un moment pour qu'ils puissent piquer un somme.

8. Fais des bras d'honneur aux gendarmes.

9. Entonne «Samedi matin, l'empereur... ».

10. Insiste pour prendre des auto-stoppeurs.

11. Une fois arrivés à destination, dis que tu veux rentrer.

12. Fais travailler ton sale caractère grâce aux quatre C : cracher, chialer, chahuter et crier.

13. Entonne «1 kilomètre à pied, ça use» (pour les vrais courageux !).

À L'ÉGLISE

14. Applaudis après le sermon.

15. Hurle «Je dois faire pipi !».

16. Tortille-toi.

17. Gribouille sur le missel.

18. Pendant la quête, sers-toi dans le panier.

19. Gigote.

20. Si le prêtre te regarde, tire la langue.

21. Bâille.

22. Fais un gros rot pendant l'homélie.

23. Endors-toi.

24. Fixe du regard les gens assis derrière toi.

25. Ronfle.

CETTE EAU N'EST PÂS ÂSSEZ FROÂDE, P'TIT GARS.

DANS UN RESTAURANT CHIC

38. Demande une chaise haute.

39. Appelle le serveur «p'tit gars».

40. Fais des bulles avec ton coca.

41. Attache ta serviette sur ta tête.

42. Renvoie ton eau glacée sous prétexte qu'elle n'est pas assez froide.

43. Mange tout avec les doigts.

44. Demande à voir le chef.

45. Demande-leur une gorgée de vin.

46. Commande le plat le plus cher au menu.

47. Ne mange que quelques bouchées de ton plat, puis plains-toi que tu as mal au ventre.

48. Commande un dessert.

49. S'ils te refusent le dessert, fais un caprice.

N'OUBLIE JAMAIS

50. De dire à tes parents que tu les aimes tellement que tu ne quitteras jamais au grand jamais la maison.

AU SUPERMARCHÉ

26. Glisse des choses en cachette dans le chariot (faux ongles, préservatifs, pommes de terre en boîte, etc.).

27. Dis que tu t'es perdu et fais appeler ta mère au haut-parleur.

28. Entraîne-toi au jonglage avec des œufs gros calibre.

29. Lèche les fruits.

30. Allonge-toi dans un congélateur et fais semblant d'être gelé.

31. Change les produits de place.

32. Change les étiquettes.

33. Mange tout ce que tu peux avant d'arriver aux caisses.

34. Demande à t'asseoir dans le chariot.

35. Écrase les donuts à la confiture.

36. Ouvre toutes les boîtes de céréales et va à la pêche aux cadeaux.

37. Essaie d'enlever la boîte de conserve en bas de la pile qui est en tête de gondole.

ABONNEZ-VOUS !

COMME LES SUPER HÉROS DE SPRINGFIELD,
RECEVEZ DEUX NUMÉROS GRATUITS !

C'EST **SUPER COOL**, MAN !

LES AVANTAGES DE L'ABONNEMENT

- Vous ne raterez aucun des prochains numéros
- Directement chez vous par envoi postal
- Magazine emballé sous plastique
- 12 numéros pour le prix de 10 seulement

MATT GROENING

Bulletin à découper ou photocopier.

LES SIMPSON Bulletin d'Abonnement

BARTGUIDE

Nom

Prénom

Adresse

Code Postal

Ville

Date de Naissance

Sexe | Masculin | Féminin

A retourner avec le règlement par chèque à l'ordre de Dino France sous enveloppe affranchie à :
Les Simpson, Service abonnements, B 960, 60732 Ste Geneviève Cedex

OUI, je désire m'abonner au magazine « Les Simpson » au tarif préférentiel de **150 F** (ou 22.87 Euros) **jusqu'au 31 décembre 2001** et de **25 Euros** (ou 163,99 F) **à partir du 1er janvier 2002** les 12 numéros.*

Les hors-série ne sont pas compris dans l'abonnement. Les abonnements démarreront au numéro suivant celui en kiosque à la date de réception du bulletin.
ATTENTION ! À partir du 1er janvier 2002, seuls les paiements en Euro seront acceptés.

* Offre réservée à la France et aux Dom-Tom.

BONJOUR

chers Simpsonniens et Simpsonniennes !

Merci d'avoir acheté le mondialement fameux **GUIDE DE LA VIE** de Bart Simpson que vous connaissez tous et toutes ! Mais, au fait, vous, qui êtes-vous donc ? Permettez-nous de vous poser quelques questions pour mieux vous connaître ?

Tout d'abord, quelques questions sur ce livre :

1. Comment avez-vous connu l'existence de ce formidable essai philosophique (plusieurs réponses possibles) ?

    ❏ par une publicité dans un magazine : _____

    ❏ par une article dans : _____

    ❏ par des amis

    ❏ vu par hasard en librairie

    ❏ autres : _____

2. Où avez-vous acheté le chef d'œuvre de Bart Simpson ?

    ❏ dans une librairie

    ❏ dans un hypermarché

    ❏ chez un marchand de journeaux

    ❏ je ne sais pas, on me l'a offert

    ❏ ailleurs : _____

3. Qu' avez-vous le plus aimé ?

_____

_____

_____

4. Qu' avez-vous le moins aimé ?

_____

_____

_____

Et maintenant, quelques questions d'ordre général :

5. Lisez-vous également le magazine "Les Simpson" ?

☐ OUI ☐ NON

6. Êtes-vous abonné au magazine "Les Simpson" ?

☐ OUI ☐ NON

7. Quels autres magazines ou bandes dessinées aimez-vous lire régulièrement ?

_____

_____

8. Regardez-vous "Les Simpson" à la télévision ?

☐ OUI ☐ NON

9. Quelles autres émissions aimez-vous regarder à la télévision ?

_____

_____

10. Êtes-vous abonné à Canal+ ?

☐ OUI ☐ NON

11. Quels sont vos 2 ou 3 personnages préférés des Simpsons ?

_____

_____

12. Quel genre de cadeaux aimeriez-vous trouver dans le magazine "Les Simpson" ?

☐ Posters ☐ Autocollants

☐ Cartes postales ☐ Mobile à accrocher au plafond

☐ Autres : _____

Nom : _____

Prénom : _____

Adresse : _____

Code postal : _____

Ville : _____

Date de Naissance : ☐☐ ☐☐ ☐☐☐☐

Sexe : ☐ Masculin ☐ Féminin

BULLETIN À RENVOYER À :

DINO FRANCE
Enquête lectorat Mon Guide de la Vie
143 bis avenue de Verdun
92442 Issy les Moulineaux Cedex

Art & Culture

L'ÉTIQUETTE DANS LES MUSÉES

LES MUSÉES SONT LES SANCTUAIRES SACRÉS DE LA CULTURE, MAIS QUE CECI NE TE REBUTE PAS. ON LEUR DOIT LE RESPECT, MEC. ALORS LA PROCHAINE FOIS QU'ON TE TRAÎNE DANS UN DE CES VIEUX TRUCS POUSSIÉREUX, IL FAUT BIEN TE *COMPORTER*. VOICI COMMENT :

AU MUSÉUM D'HISTOIRE NATURELLE

- Attache des étiquettes «En solde» sur les animaux empaillés.
- Scotche des feuilles dans le dos des gardiens avec «HOMME DE NÉANDERTHAL» écrit dessus.
- Grimpe dans un squelette de dinosaure et fais comme si tu étais prisonnier du musée.
- Ajoute le nom de ton prof à la liste des espèces menacées.
- Quand tu regardes le squelette du mammouth laineux, demande «Où est la viande ?».
- Entre dans une vitrine et fais comme si tu étais l'infortunée victime du tigre aux dents de sabre.

CASSE-TÊTES À POSER AU GUIDE !

- «Si un objet exposé dans une autre salle explosait et qu'il n'y avait personne pour l'entendre, est-ce que ça ferait du bruit quand même ?»
- «En fin de compte, qui était là le premier, l'œuf ou la poule ?»

AU MUSÉE DES SCIENCES

- Mets des échantillons de ta salive sur les lamelles des microscopes.

- Utilise l'aimant géant pour voir si un de tes camarades a des plaques de métal dans la tête.
- Enfile une blouse blanche, prends un clipboard et hurle «Eurêka ! » de temps en temps.
- Demande au guide «Vous voulez que je vous montre la Lune en plein jour ?»

HÉ !

VOTRE COUPE EST FINISHED, MISTER SINGE !

QUESTIONS PERTINENTES !
(à poser à votre guide)

- «Vous serviriez-vous de votre pistolet si cette momie revenait à la vie et essayait de m'étrangler ?»
- «Et puis de toute façon, combien de temps ces phacochères empaillés devaient-ils rester en exposition ?»

L'HISTOIRE DE L'UNIVERS

BANG!

Big Bang

1 Gazillion av. J.-C.
Des animaux unicellulaires émergent du limon primal

350 millions av. J.-C.

COI

- Demande au guide dans combien de temps une machine pourra-t-elle faire son boulot.
- Donne un petit coup de coude au sismographe et déclenche des énormes tremblements de terre.

AU MUSÉE D'ARTS PLASTIQUES

- Mets tous les tableaux d'art moderne à l'envers et regarde si quelqu'un voit la différence.
- Crée tes propres œuvres avec des morceaux de papier, un lacet, la croûte du pain de ton sandwich au jambon et regarde s'il y a des mécènes admiratifs.
- Regarde un mur blanc comme s'il y avait un tableau.
- Déshabille-toi et pose comme une statue. Si tu as des ennuis, réponds que le corps humain n'est que beauté, comme le savent tous les vrais artistes, et qu'il ne faut pas en avoir honte.
- Mets des autocollants «VENDU» sur les œuvres d'art.
- Scotche la photo de ta prof sur le mur avec la mention «POSE NUE».

POSE NUE

PETITES PHRASES PRATIQUES !
(facilement adaptables)
- «Un mélange poignant de rococo et de néo-classicisme.»
- «Cette alliance délicate de texture et de couleur irradie de sensualité.»
- «La juxtaposition de lumière et d'ombre crée une tension étrange.»
- «Ces coups de pinceaux torturés révèlent le tourment intérieur de l'artiste.»
- «Aye caramba !»

MEEUUUHH

DANS TOUS LES MUSÉES

- Dès l'entrée, commence à meugler comme une vache.

MEUHH

- Fais comme si tu touchais à tout ce qui porte la mention «Ne pas toucher».

MEUUHH

- Tous les musées ont un écho. Hurle jusqu'à ce que tu le trouves.
- Remplace la pancarte qui indique la direction des toilettes par une qui dit : «Exposition temporaire».

MEUUHH
MEUH

- Fais un concours pour voir qui va le plus loin en glissant sur le sol ciré.
- Prends des pièces dans la boîte destinée aux donations.

MEEUUUHH

- Essaie de vendre ton billet périmé à un imbécile.

NE PAS TOUCHER

OUPS...

Pour recevoir la lumière intérieure sur le sens de la vie, va p.153...

QUE	TRIATHLON	GYMNASTIQUE	CRÉTINOÏQUE	PIERRAFEUUM
250 millions av. J.-C.	200 millions av. J.-C.	150 millions av. J.-C.	100 millions av. J.-C.	GRRR

CUICUI
MIAOU

— LES DINOSAURES RÈGNENT SUR LA TERRE —

COMMENT DEVENIR UN
POÈTE
GENIAL

«UN POÈME COMMENCE COMME UNE BOULE DANS LA GORGE» ROBERT FROST

Pourquoi devenir poète? Comme job à plein temps, c'est le truc qui se rapproche le plus de tirer au flanc. Rien qu'être en vie, c'est une partie de ta recherche, mec. Tu peux donc faire tout ce qui te plaît. Que tu sois bougon et dépressif ou lunatique et cinglé, quand les gens découvrent que tu es un poète, tout s'explique et ils te laissent tranquille. En plus, les poètes portent des chouettes chapeaux et jouent du bongo. Alors suis ces conseils, étudie bien le superbe poème de la page suivante, et toi aussi deviens poète génial, mec.

PIGÉ ?

1 Dédie ton poème à quelqu'un de connu. Comme ça, tout le monde saura que tu es un penseur profond et important.

2 Utilise toujours des expressions en langue étrangère. Ça montre que tu es si intelligent qu'une seule langue ne suffit pas à exprimer le fond de ta pensée.

3 Malheureusement, il y a des poèmes qui riment. Si tu dois en écrire un, c'est plus facile de d'abord choisir les mots, puis ton sujet. Voici quelques suggestions : nez, poulet, coucher, aller, vrai, essai, zieuter, écolier.

4 Plus le sujet de ton poème est désespéré, mieux c'est. Voici quelques bons sujets pour commencer : la haine, l'amour, la mort, le remords, les devoirs.

5 La ponctuation te pose problème ? Ce n'est PAS la peine d'en utiliser quand tu fais de la poésie.

6 Ou bien, ne mets que de la ponctuation. Tout est possible, mec.

7 Plus longs sont les mots, meilleur est le poème.

8 Utilise des mots qui commencent tous par la même lettre. Ça va en épater quelques-uns.

9 Voici un des secrets les plus cools à propos de la poésie : ce n'est même pas la peine d'utiliser des vrais mots. Je te jure. Tu peux les inventer.

10 Tu peux écrire n'importe quoi et appeler ça de la poésie si tu ajoutes beaucoup d'espaces.

11 Ecris les mots comme tu le souhaites. Tu écris le sens de la vie, pas un stupide bouquin de grammaire.

12 Répète sans arrêt le même mot. Ça fait profond, et ça remplit la page.

L'ÂGE DE PIERRE

2 millions av. J.-C.
Apparition de l'Homme.

1 250 000 av. J.-C.
Naissance d'Edna Krabappel.

1 000 000 av. J.-C.
Naissance de Seymour Skinner.

400 000 av. J.-C.
Invention du feu.

OUILLAÏE!

AUF WIEDERSEHEN, MA BOULETTE (Chanson d'Espagne)

De Talbot J.Davenport III
Dédié à Albert Einstein ❶

Il est temps de dire au revoir...
Auf Wiedersehen. ❷
Auf Wiedersehen, ma boulette.
Au revoir.
Il ne faut pas pleurer.
Je dois m'en aller. ❸
Je reviens en juillet.
Tiens, prends un beignet.
Au revoir.

ton cerveau était aussi gros
qu'un cœur empli d'amour ❹
non partagé
s'épanouissant dans l'angoisse et la futilité
ton chez-toi c'était par
tout dans le nulle ❺
part de l'univers

#&*!!!$%%&?*#@$!!! ❻
❼ déambulatoirement dans la chambre
rétrograde vers le futur d'avant
@&*i&!!!$%&?ii#@
                    ❽
chaque chevelu chasse son charivari chafouin
les peurs que nous redoutons
nous immergent

Zong zing Zang ❾
Zoing Ka-choing
noing Doing poing
Gang ging gong going
et se transforment en
VADOI-OI-ING !

Tu

sais.

❿ Pourquoi

          tant de

haine   ?

Je dois partir désormais
Je ne peux être retardé
Du bizness ⓫. j'en ai
                    à revendre
Et ça ne peut pas attendre.
Garde mon violon.
Rendez-vous à la maison.
Auf Wiedersehen, ma boulette.
Auf Wiedersehen,
Auf Wiedersehen.
Auf Wiedersehen. ⓬
Auf.

BÉBÉ ?
FESSÉE ?
COUCHER ?
MICKEY ?
POMMES SAUTÉES ?
PIED ?
CURÉ ?
JOHNNY HALLYDAY ?

ALORS COMME ÇA, TU T'PRENDS POUR UN POÈTE, HEIN ?

Eh bien prouve que t'en es un. Utilise trois mots du conseil n°3 pour composer ton propre chef-d'œuvre.

Il est temps de s'en aller.

C'est triste, mais mouche ton _____

Il est bientôt l'heure d'aller te _____

Pour écrire un poème, ne demande pas au _____ !

RE GLACIAIRE   L'ÂGE DE BRONZE

Invention du marshmallow grillé.

20 000 av. J.-C.
Premier dessinateur de BD gribouille sur sa caverne. Écorché vif pour son crime.

6 400 av. J.-C.
Invention de la roue.

Essor des rites païens.

2500 av. J.-C.
Naissance de la Momie.

79

PETITES PHRASES PRATIQUES POUR LE GÉNIE ARTISTIQUE EN HERBE

- Quand je serai célèbre, tu vas le regretter.

- Personne ne me comprend.

- Personne ne comprend mon travail.

- Y a-t-il un buffet à ce vernissage ?

- Vous n'êtes que des traîtres.

- La souffrance nourrit mon art.

- Où est mon chèque des Assedic ?

- T'as pas cent balles, mec ?

- J'aurais pu faire ça même en dormant.

Le LOOK du Génie

MAINTENANT QUE JE T'AI FILÉ LES TUYAUX POUR ÉCRIRE COMME UN GÉNIE, IL EST TEMPS QUE TU APPRENNES COMMENT JOUER AU GÉNIE, MEC.

*MARCHE AUSSI BIEN POUR LES VRAI-FAUX PEINTRES, MUSICIENS ET AUTRES ARTISTES EN TOUT GENRE.

L'ÂGE DU FER

L'ÂGE DU ZINC

2000 av. J.-C. TANT DE REPASSAGE ET SI PEU DE TEMPS.

800 av. J.-C. Hercule invente le body-building.

600 av. J.-C. Les Romains inventent le cirque.

40 av. J.-C. Cléopâtre prend des bains de lait.

PEUT-ÊTRE QU'UN PEU DE TÉLÉ ET UNE PETITE SIESTE RANIMERAIENT MA MUSE.

Mépris de l'humanité et de ses valeurs petites-bourgeoises

Couvre-chef porté dedans comme dehors

Expression blasée

Poils faciaux inhabituels

Joues creuses

Négligence de la santé

Ongles sales

Choix vestimentaires osés

Cendres tombantes

Langage corporel provocateur

Absence d'espèces sonnantes et trébuchantes

Travail inachevé, mais néanmoins inspiré par les Dieux, étalé par terre

L'ÂGE DES GLADIATEURS

0 av. J.-C. Invention de Noël.

Les chrétiens sont donnés à manger aux lions.

A Rome, bâfrer à table est considéré comme poli.

L'ÂGE DE L'ENNUI

BÂILLE!

476 Chute de Rome.

Il ne se passe pas grand-chose. 81

7 MERVEILLES DU MONDE

1. HEIDI, LE HAMSTER QUI CHANTE
Il ne chante pas vraiment, mais si on appuie dessus juste ce qu'il faut, ses yeux ressortent et il couine sur l'air de «Petit Papa Noël».

ACHETEZ MES TORCHONS SUAIRE DE JÉBÉDIAH ! ILS FERONT DES CADEAUX EXTRA-ORDINAIRES!

2. LE SUAIRE DE JÉBÉDIAH SPRINGFIELD
Une trace lugubre ressemblant vaguement au visage du fondateur de la ville de Springfield observe fixement celui qui regarde ce vieux torchon. Afin d'assister à cet étonnant spectacle, les fidèles font la queue devant la Taverne de Moe, où le suaire fut découvert il y a quatre ans. Certains prétendent que cette image n'est qu'une tache de sauce, mais pour les fidèles, il s'agit bien d'un miracle.

3. LE DENTIER DE JASPER
Personne ne sait pourquoi ces dents étonnantes arrivent à capter 12 stations de radio FM, 22 stations ondes moyennes et le canal de la police, mais c'est possible ! Les scientifiques ont étudié ce phénomène et essayé d'expliquer comment fonctionne ce mystérieux «récepteur», mais jusqu'à présent, ils n'ont rien trouvé.

VRAIMENT INCROYABLE !

La réponse au vrai sens de la vie t'attend page 77...

LE BAS MOYEN ÂGE

LE MOY

1193
Robin des Bois combat le Shériff de Nottingham.

1194
Frère Tuck cr le premier fa food franchi spécialisé da le poulet.

4. LE SOUTIF DE TANTE PATTY

Nous ne nous aventurerons pas à deviner sa taille, mais il suffit de dire que chaque bonnet peut contenir plus de sept litres de lait !

A PETITE ECHELLE !

CETTE PANCARTE FAISAIT PLUS DE 11 MÈTRES DE HAUT !

ATTENTION ! NE RESTEZ PAS TROP LONGTEMPS AU MÊME ENDROIT !

5. LE SIPHON DU DIABLE

D'innombrables casse-cou ont tenté de traverser ce terrain marécageux et nauséabond, mais personne n'y est parvenu sans y perdre au moins une chaussure. Quel mystérieux phénomène a pu créer cette tourbière affamée, nous ne le saurons jamais. Autrefois appelé le Cloaque Toxique du Diable.

6. LA COIFFURE DE MARGE SIMPSON

Composée de plus de 170 000 cheveux et retenue par une seule épingle, ce Mont Everest de la coiffure dépasse de loin toutes les autres choucroutes de Springfield... et d'ailleurs ! Quels secrets recèle-t-elle ? Il se peut que nous ne le sachions jamais, mais elle a déjà accueilli un nid d'étourneaux dans ses régions supérieures.

1,5 HECTARE DE JEUX, ENTOURÉ PAR UNE CLOTÛRE ÉLECTRIQUE !

7. LE PARC D'ATTRACTION KRUSTYLAND

Sans aucun doute la plus géniale des Sept Merveilles, à notre avis tout du moins. Parmi les manèges effrayantastiques : Le Formidable Vaisseau Sans Fond, La Jungle des Cactus, et La Queue Sans Fin ! Dégagé de toute responsabilité en cas de vomissements, pertes de membres, noyades, empalements ou coups de chaleur. Désolé, pas de remboursement.

FAITES UN TOUR SUR LE HINDENBURG ! NOTRE NOUVELLE ATTRACTION À HURLER !

MOYEN ÂGE | LE HAUT MOYEN ÂGE

1200
Disparition de l'Atlantide.

1259
Les Anglais coupent la tête d'un ennemi et donnent des coups de pied dedans dans le rue, inventant ainsi le football.

1300
La peste noire anéantit une bonne partie de l'Europe.

JULIETTE

1444
Roméo et Juliette tombent amoureux et meurent.

83

Science

Physique Bartienne

Nous considérons ces vérités comme allant de soi.
N'essayez pas d'aller à l'encontre de ces lois,
car elles refusent qu'on aille à leur encontre.

Corps au repos

Corps parental

LA PREMIÈRE LOI BARTIENNE DU MOUVEMENT:
Tout corps au repos reste au repos jusqu'au moment
où un corps parental arrive et lui dise de tondre
la pelouse. Si ce corps continue de rester au repos
malgré la pression du corps parental,
voir La Seconde Loi Bartienne
du Mouvement.

Vitesse

LOI UNIVERSELLE BARTIENNE DU MOUVEMENT:
Tout ce qui va vers
le haut doit un jour
retomber, mec.

Force

L'ÂGE DU PORC

1471
Naissance
du comte
Dracula.

1492
Colomb
se perd et
découvre
l'Amérique.

1559
Invention
de la glace.

Revanche de
Montezuma.

QUI C'EST QUI RIGOLE
MAINTENANT ?

L'ÂGE DE LA

1586
Francis Baco
invente le régal
du petit-déjeu
qui porte son n

86

A SECONDE LOI BARTIENNE DU MOUVEMENT :

'accélération engendrée par une force déséquilibrée ayant une action sur un corps st directement proportionnelle à la masse de la force, que la force soit armée ou pas, quelle que soit l'intensité des hurlements poussés par la force.

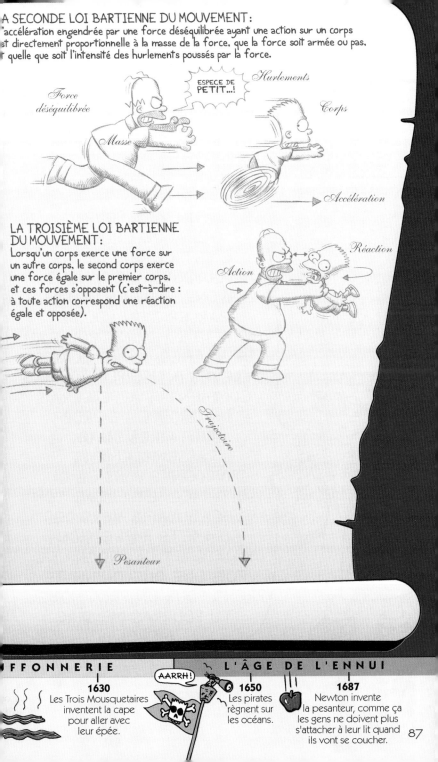

Force déséquilibrée

Masse

ESPECE DE PETIT...!

Hurlements

Corps

Accélération

LA TROISIÈME LOI BARTIENNE DU MOUVEMENT :

Lorsqu'un corps exerce une force sur un autre corps, le second corps exerce une force égale sur le premier corps, et ces forces s'opposent (c'est-à-dire : à toute action correspond une réaction égale et opposée).

Réaction

Action

Trajectoire

Pesanteur

FFONNERIE   L'ÂGE DE L'ENNUI

AARRH!

1630
Les Trois Mousquetaires inventent la cape pour aller avec leur épée.

1650
Les pirates règnent sur les océans.

1687
Newton invente la pesanteur, comme ça les gens ne doivent plus s'attacher à leur lit quand ils vont se coucher.

87

LE PROFESSEUR BARTHOLOMEW VON SIMPSON PRÉSENTE

La Technique Scientifique De La

Nomologie

OU COMMENT AVOIR L'AIR
D'UN EXPERT SANS EN AVOIR L'AIR

UN MOT POUR CHAQUE CHOSE, C'EST CE QUE JE DIS TOUJOURS. BIEN, NOUS AVONS TOUS ENTENDU PARLER D'UN VOL DE MOUETTES, D'UN TROUPEAU DE VACHES, D'UNE CLASSE D'ÉLÈVES INDISCIPLINÉS, MAIS COMMENT T'APPELLERAIS UN GROUPE DE PROPRIÉTAIRES OU UN RASSEMBLEMENT D'IVROGNES ? LIS CE QUI SUIT, MEC, ET ÉLÈVE TON VOCABULAIRE VERS DES SOMMETS IMPRESSIONNANTS. ET LA PROCHAINE FOIS QUE QUELQU'UN TE PREND POUR UN PRIX NOBEL, TU POURRAS ME DIRE MERCI.

L'ÂGE DE RAISON

1692
Des sorcières
meurent
sur le bûcher
à Salem.

1740
George Washington
abat un cerisier
et fait la bêtise
d'avouer.

1752
Benjamin Franklin
manque de
s'électrocuter
en faisant voler
un cerf-volant.

une titubée d'ivrognes
une dinguerie de psychopathes
un ragoût de ragots
une morne plaine de comptables
une peignée de coiffeurs
un calice de béni-oui-oui
une tremblotée de bizuths
un harpagon de propriétaires
une gnangnanerie de débutantes
une paressée de colocataires
une barbante de mimes

une flopée de critiques
un égocentre d'acteurs
une ventripotence d'hommes politiques
une arriérée de réactionnaires
une tripotée d'obsédés
une austéritude de pessimistes
une litée de paresseux
une profusion de professeurs
un dribble de hooligans

un fauchton de présentateurs télé
un épiage de chaperons
une couche de baby-sitters
une grincheuserie de principaux
une habiletée de magiciens
une frissonnade d'assassins
une arnaque de télévangélistes
une effraction de voleurs
un fouillis d'experts

une braillade de bébés
une harcelée de perfectionnistes
une œillade d'astronomes
un bachotage d'étudiants
une hurlade de ventriloques
un bourbier de bureaucrates
une rossée de brutes
une pomponnée de top-models
une crampe de chiropracteurs
une friture de diététiciens
une salaison de marins
un gazouillis de pom-pom-girls
un jubilé de millionnaires
une proie d'avocats

L'ÂGE DU N'IMPORTE-QUOI

1760
En France,
es perruques
atteignent
une hauteur
de 2 mètres.

1789
De nombreux
Français se
font couper
la tête.

SACRE-
BLEU

1800
Davy Crockett
invente le
chapeau en
raton-laveur.

EH BEN
VINDJIOU!

89

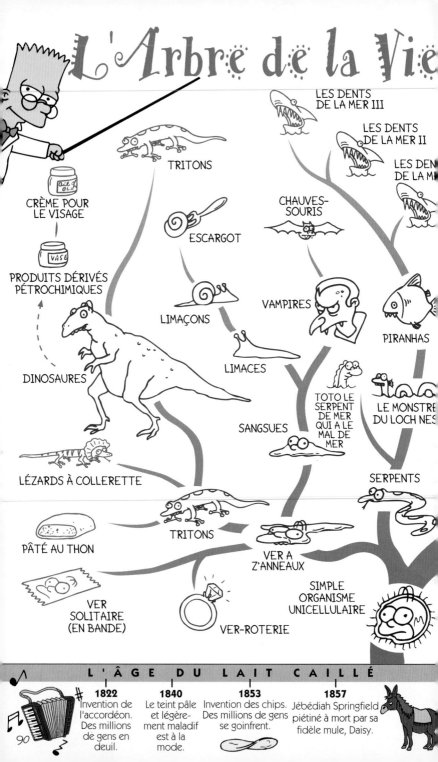

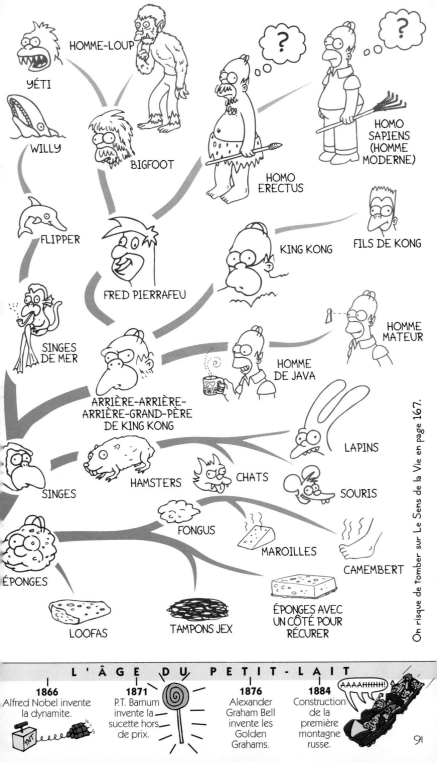

YÉTI

HOMME-LOUP

WILLY

BIGFOOT

HOMO ERECTUS

HOMO SAPIENS (HOMME MODERNE)

FLIPPER

FRED PIERRAFEU

KING KONG

FILS DE KONG

SINGES DE MER

ARRIÈRE-ARRIÈRE-ARRIÈRE-GRAND-PÈRE DE KING KONG

HOMME DE JAVA

HOMME MATEUR

LAPINS

SINGES

HAMSTERS

CHATS

SOURIS

ÉPONGES

FONGUS

MAROILLES

CAMEMBERT

LOOFAS

TAMPONS JEX

ÉPONGES AVEC UN CÔTÉ POUR RÉCURER

On risque de tomber sur Le Sens de la Vie en page 167.

L'ÂGE DU PETIT-LAIT

1866
Alfred Nobel invente la dynamite.

1871
P.T. Barnum invente la sucette hors de prix.

1876
Alexander Graham Bell invente les Golden Grahams.

1884
Construction de la première montagne russe.

AAAAHHHH!

91

L'ÉPOUSTOUFLANTE BOUCLE de L'INFINI

1. Découpe une bande de papier de 1cm de large sur 37cm de long.

2. Tords-la une fois et scotche ou colle les deux extrémités afin de former un 8.

3. Découpe la boucle en deux dans le sens de la longueur.

Qu'obtiens-tu ?
2 boucles ?
Pas si tu l'as fait correctement, mec !

Prends les paris sur ce qui se passera quand tu vas la découper et deviens riche !

Amusant !

l'électrochoc

Frotte-toi les pieds sur un tapis (ça marche mieux les jours de temps sec !) puis surprends un sujet sans méfiance.

DÉCOUVRE LE MONDE MERVEILLEUX DE L'ÉLECTRICITÉ STATIQUE !

L'ÉPOUSTOUFLANT AVION EN PAPIER

Démontre les propriétés fascinantes de l'aérodynamique ! (On ne pourra pas t'envoyer chez le principal pour cet avion en papier-là !)

Amuse-toi avec Galilée

Fais tomber du 3ème étage un ballon à eau et un ballon rempli de sirop d'érable sur les brutes du CM2*.

1. Quel ballon atterrit en premier ?

2. Quelle brute a l'air le plus furax ?

3. À ton avis, combien de shampooings seront nécessaires pour enlever tout le sirop d'érable de ses cheveux ?

*ATTENTION ne te fais pas voir ou t'es mort de chez mort !

La bombe à retardement qui fait tic-tac

Détermine précisément combien de temps il faut pour pousser ta prof à bout et l'obliger à prendre sa retraite anticipée.

ÉLOIGNEZ DE MOI CE PETIT DÉMON AUX CHEVEUX HÉRISSÉS!

L'ÂGE DE LA GROSSIÈRETÉ | LES ANNÉES FOLLES

1906 Invention du hot-dog.

1912 Naufrage du Titanic.

PROUT

1922 Invention du coussin péteur.

1925 Invention de la télévision. Des millions de gens matent.

1926 Houdini reçoit un coup dans l'estomac et meurt.

93

Langage & Communication

DES VRAIES
LANGUES
QUE TU PEUX
APPRENDRE :

Nupe
Ourdou
Zande
Dimli
Tho
Rundi
Swahili
Karen
Futa Jalon
Zoulou
Dogri
Edo
Tongan
Min
Sango
Kongo
Kamba
Dong
Fon
Tulu
Nung
Somali
Lubu
Makua
Ho
Gogo
Fula
Tatare
Wu
Yao
Yi
Fang-bulu
Chiga
Thonga
Riff
Luba-lulua
Haya
Gondi
Oromo
Pedi
Penjabi
Twi-fante
Ouzbèque
Wolof
Français

Au chien galeux qui n'a pas payé ce livre : tes jours sont comptés, mec.

LANGAGES

CHUT !

Un classique :
LE JAVANAIS (ET COCHON
QUI S'EN DÉDIT, MEC !)

À QUOI ÇA SERT D'AVOIR UN LANGAGE SECRET ? C'EST POUR QUE LES GENS NE PUISSENT PAS CARGLER[1] CE QUE TU BORFES[2], FIRQUEUX[3] ! ALORS CHOMBE[4] CES ZIPLIQUES[5] AVEC SOIN ET BIENTÔT TU FLOUMERAS[6] AVEC LES MEILLEURS, PIPLA[7] !

Insère
la syllabe «va»
ou «av» au milieu de chaque syllabe
de chaque mot. Quand le mot débute
par une voyelle (olibrius, ouaf, amibe),
commence par la syllabe «av» (av-ol-av-
ibr-av-ius, av-ou-av-af,
av-am-av-ibe)

FAVAIS-
NAVOUS AVUN
BAVISAVOU, BAVART !

PAVAS
QUAVEST-
IAVON,
MAVEC !

L'ÂGE DES GANGSTERS

Ignazio
"Haleine du
Matin"

Vincenza
Vince "Cul
qui parle"

Carerra
Jimmy "Le
Bossu"

Frank
"Pellicules"
Luciano

Joey "Pue
des dessous
de bras"

Peretti Gordy
"Quat'tifs"
Correlli

96

F G H I J K L

SECRETS

LE IROU

Une alternative au javanavais pour les vravais connaisseurs

Règle : mets «irou», après la première consonne de chaque syllabe, puis répète la syllabe. Par exemple : «Mec» devient «Mirou-mec», «super» devient «sirou-su-pirou-per» et «skateboard» devient «skirou-kate-birou-board». Et maintenant, une phrase complète ! En français banal : Ne sois pas insolent, jeune homme ! Irou : Nirou-ne sirou-sois pirou-pas insirou-so lirou-lent, jirou-jeune homirou-omme ! Quand un mot commence par une voyelle (œuf, étoile, ongle), on met «irou» après la première consonne (œufirou-œuf, étirou-oil-irou-le, ong-irou-gle).

Tiens cette page devant un miroir et retourne-la pour lire le message secret dans l'encadré.

(message secret, à lire dans un miroir)

L'ALPHABET
POUR RETOURNÉE
DEUX FOIS

Sois le Léonard de Vinci de ton temps ! Lui aussi il aimait les pagagès secrets. alors il a tout répigé à l'envers et de droite à gauche afin d'empêcher les gens de voler ses philantes idées. Ceci peut expliquer pourquoi les plans de son hélicoptère n'ont jamais connu un essor formidable.

ALLONS FAIRE UN GROUPLE[8], MON GROS CROUNOUTE[9].

1. COMPRENDRE
2. DIS
3. DÉBILE
4. ÉTUDIE
5. PAGES
6. COMMUNIQUERAS
7. MEC
8. CÂLIN
9. APOLLON

L'ÂGE INDUSTRIEL | L'ÂGE ATOMIQUE

1930
e premier boudoir. a pâtisserie atteint son apogée.

1937
Explosion de l'Hindenburg.

1945
Explosion de la première bombe atomique.

1945
Invention du ressort fou.

1945
Des ressorts fous emmêlés rendent des millions de gens cinglés.

PARFOIS LES ~~EN DISENT PLUS QUE LES~~ ACTES MOTS

TON GUIDE PRATIQUE DES GESTES AUTOUR DU MONDE

Lever les sourcils :
A Tonga ça veut dire «Oui» ou «Je suis d'accord». Au Pérou, «argent» ou «Payez-moi». Et dans la plupart des cultures occidentales, «Waouh, cool!».

Le baiser sur le bout des doigts :
Commun en Europe et dans la majeure partie de l'Amérique Latine. Signifie «Ah très beau !» ou «Marveloso !».

Se frotter l'oreille :
En Inde, se frotter l'oreille est un signe de repentir ou de sincérité. Au Brésil, un geste similaire signifie la reconnaissance.

Le doigt sur la tempe :
En Argentine et au Pérou, ceci signifie «Je réfléchis» ou «Réfléchis». Ailleurs ça peut vouloir dire «Il/Elle est fou/fol»

Le pied de nez :
Signe de moquerie dans la plupart des pays européens. Une variante plus compréhensible est le double pied de nez.

Tirer la langue :
Dans la plupart des cultures occidentales tirer la langue est un signe de mépris ou de défi envers le destinataire du geste.

Hocher la tête :
Dans la plupart des pays, ce geste veut dire «oui». Cependant, en Bulgarie et en Grèce, ça signifie «non».

Cligner des yeux :
A Taiwan, il est impoli de cligner des yeux quand on s'adresse à quelqu'un.

L'ÂGE D'OR DES FILMS DE MONSTRES DE SCIENCE-FICTION

1951
Vomilla

1952
Radioactive Man devient radioactif.

1953
Hamstron le Hamster de Par-delà l'Infini

1957
La Créature du Fond de la Fosse Septique

1958
Les Gobeurs de Cerveau

◄ **LES BEATNIKS RÈGNENT SUR LA TERRE**

Les cornes horizontales :
Dans la plupart des pays européens, ce geste est utilisé comme protection contre les mauvais esprits.

La scie :
En Colombie, quand tu fais affaire pour partager des bénéfices, tu tends une main paume vers l'intérieur et tu fais semblant de la scier avec l'autre main.

Les cornes verticales :
Au Brésil et dans d'autres régions d'Amérique Latine, c'est un signe de chance. En Italie, cependant, ça veut dire que tu es cocu.

Le tabou de la main gauche :
Dans de nombreuses cultures, il est impoli de passer un objet avec la main gauche, car on utilise cette main pour se laver.

Le bras d'honneur :
Dans la plupart des pays méditerranéens, c'est l'équivalent de «Va te faire shampouiner !».

La paume ouverte :
Au Nigéria, avancer la paume en avant les doigts écartés est un geste grossier.

Le «Viens par ici» :
Dans la plupart des pays du Moyen et du Proche-Orient, il est insultant de se servir de ses doigts pour appeler quelqu'un.

Faire un rond avec ses doigts :
Aux USA, ceci signifie «OK», mais au Brésil c'est considéré comme obscène. En Grèce, c'est impoli, au Japon, ça signifie «argent» et dans le sud de la France, «zéro» ou «nul».

La «figue» :
Geste obscène de mépris dans quelques pays méditerranéens et européens. Mais au Brésil et au Vénézuéla, c'est un symbole de chance.

Les bras croisés :
A Fidji, c'est un signe d'irrespect. En Finlande, c'est un signe d'arrogance et d'orgueil.

PÉRIODE DE TRANSITION

1958
Mise en vente du premier skateboard.

1960
Première des Singes de Mer.

L'ÂGE D'AQUARIUS

1963
Krusty le Clown fait ses débuts dans le show-biz, avec une apparition dans le show «Les produits Gazon en Poudre présentent les Clowns de Demain».

1969
Le premier homme sur la Lune subit un lavage de cerveau de la part d'aliens.

COMMENT DEVENIR UN PRO

PHRASES UTILES POUR LE BÊCHEUR INTERNATIONAL, AVEC

Barticisme de départ	Langues étrangères	Traduction
PAS QUESTION, MEC.	ITALIEN	Má vattene.
	CHINOIS	没门，伙计．
	PORTUGAIS	Nem morta, filha.
	RUSSE	ЛАЖА, ЧУВАК
	ANGLAIS	No way, man
	JAPONAIS	いや な こった よ．
	ALLEMAND	Nix da, Alter.
	ESPAGNOL	Ni loco, tio.
VA TE FAIRE SHAMPOUINER.	ITALIEN	Manco per le palle.
	CHINOIS	滚 蛋．
	PORTUGAIS	Eu nao tô nem aí.
	RUSSE	НА-КА ВЫКУСИ
	ANGLAIS	Eat my shorts.
	JAPONAIS	おい なめん な よ．
	ALLEMAND	Du kannst mich mal im Mondschein begrüssen.
	ESPAGNOL	Chupame el culo.
T'EXCITE PAS, MEC.	ITALIEN	Non t'incazzare ragazzo.
	CHINOIS	冷 静 一点．
	PORTUGAIS	Fica frio, cara.
	RUSSE	НЕ ПСИХУЙИ, ЧУВАК
	ANGLAIS	Don't have a cow, man.
	JAPONAIS	あんた ピリピリ する こと ない じゃん．
	ALLEMAND	Reg Dich ab, Mann.
	ESPAGNOL	No te calientes, hermano.

L'ÈRE DE LA HONTE

Le nudisme est à la mode.

1973
Les astronomes voient la Lune en plein jour.

1974
Homer Simpson réussit à avoir le bac grâce à une erreur administrative.

Richard Nixon, disgrâcié, démissionne.

CATEUR TRANSCONTINENTAL

Transcription phonétique	Traduction approximative
Mah VA-té-né.	Mais sors d'ici.
MAILLE moun HOU-OH-gui.	Pas de porte.
NEYN MORR-ta FIL-ia.	Pas même mort, ma fille.
LAdja tchouVAK.	Flaque, mec.
no OUAI ménn.	Pas de chemin, homme.
i-YA na KO-ta yo.	Une chose déplaisante !
nix da ALT-eur.	Rien là, vieux.
ni LO-co, TIo.	Pas fou, oncle.
MAN-n'-co PERR lè pallé.	Pas même pour mes testicules.
GUENN DANN.	Roule oeuf.
YÉo nao TO NEYN AH-I.	Je ne suis même pas là.
na-ka VOU-i-kou-si.	Mords dedans.
it maille CHORTS.	Mange mes shorts, homme.
OILLE na-MENN na yo.	Eh, ne me lèche pas !
dou cannst miche mâl imm MONNT-shain beu-GRU-seun.	Tu peux m'embrasser au clair de lune.
tchou-PA-mé él COU-lo.	Lèche-moi le cul.
nonn TINN-caDZA-ré ra-GA-dzo.	Ne pique pas ta crise, garçon.
LOUNG TCHING I-di-én.	Froid et calme, un peu.
FIca FRIo CAra.	Reste froid, mec.
nié pou-si-HO-i, tchou-VAK.	Ne deviens pas fou, mec.
DONNT av eu CAO ménn.	N'aie pas une vache, homme.
ANN-ta PI-ri-PI-ri SOU-rou KOH-toh NA-i DZANN.	Tu ferais mieux de ne pas être "électrique".
rég diche AP, mann.	Calme-toi, homme.
no té ca-liENN-téss, air-MA-no.	Ne deviens pas chaud, homme.

L' Â G E   D U   P O L Y E S T E R

Gerald Ford mbe par terre.

1975
Les talons compensés sont à la mode.

Les vêtements de sport rendent l'habillage plus facile

OUAF!

Les cailloux de compagnie et les anneaux d'ambiance envahissent la Terre.

1976
"Pong" annonce la naissance du jeu vidéo.

COMMENT DEVENIR UN PRO

Barticisme de départ	Langues étrangères	Traduction
AYE CARAMBA !	ITALIEN	Mannaggia la miseria!
	CHINOIS	见鬼!
	PORTUGAIS	Ai caramba!
	RUSSE	ЭХ, ТВОЮ МАТЬ !
	ANGLAIS	Ay caramba!
	JAPONAIS	アレ マア!
	ALLEMAND	Sack Zement!
	ESPAGNOL	Carajo!
J'AI UNE DÉCLARATION À FAIRE, C'EST MORTEL.	ITALIEN	Devo fare un importante annuncio: Sono scazzato.
	CHINOIS	我要宣布一个通告. 我感到很无趣.
	PORTUGAIS	Eu tenho um anunciamento à fazer: Eu tô de saco cheio.
	RUSSE	УСТАЛ Я СЛУШАТЬ
	ANGLAIS	I have an announcement to make : I'm bored.
	JAPONAIS	みんな ちょっと ちょっと. つまら ん.
	ALLEMAND	Ich hab ne Ankündigung zu machen: Mir ist langweilig.
	ESPAGNOL	Tengo un anuncio: Estoy podrido.
DÉGAGE DE LÀ, MEC.	ITALIEN	Levati dalle palle.
	CHINOIS	滚开.
	PORTUGAIS	Sai da frente, cara.
	RUSSE	ОТВАЛИ
	ANGLAIS	Outta my way, man
	JAPONAIS	あっち へ 行き な.
	ALLEMAND	Hau ab.
	ESPAGNOL	Salite del medio, loco!

LA DÉCENNIE "MOI" NEW

1980
La cupidité devient une religion. Des millions de gens se prosternent.

102

1982
Règne des poupées-mannequins.

Les chechias sont tendance

1989
Être ostensiblement cupide devient out.

1990
Début de la décennie Bart Simpson.

1991
La génoise à s apogée grâc à Marge Simps

Transcription phonétique	Traduction approximative
Man-NA-djia la MI-zÉ-ria !	Maudite soit la misère !
TCHI-ENN GOUAÏ !	Rencontre le fantôme !
Aï ca-RANM-ba !	Ay caramba !
Tou-VOÏ-o MATT !	Ta maman !
Aï ca-RANM-ba !	Ay caramba !
A-raï MAH !	Sérieux !
Zak tsé-MENN'T !	Sac de ciment !
Ca-RA-rro !	Zut !
DÉ-vo FA-ré oun imm-por-TANN-té a-NOUN-sio SOn-no ska-DZA-to.	J'ai une déclaration à faire : je m'ennuie.
OUOR IOW CHOU-en-pou É-gueu TONN-go : ouOR GANN toao eung WOU li-o.	J'ai une déclaration à faire : pas d'amusement.
AÏo TÉNio omm a-NOUN-si-a-MEYN-to a FA-ZEÏR AÏo to dé SA-ko CHEÏo.	J'ai une déclaration à faire : mon sac est plein.
Ou-STL ia SLOU-chi-UTT.	Fatigué moi d'écouter.
Ai av eun aOUNs-meunnt tou MEÏK : aïam BORde.	J'ai une déclaration à faire : je m'ennuie.
Mi-NA TCHO-to TCHO-to tsou-ma-RAnn.	Tout le monde, un peu, un peu. Une bagatelle.
ish abe neu ANN-kunn-di-goung tsu MA-rreun : mir ist LANGUE-vaï-lich.	J'ai une déclaration à faire : je m'ennuie.
TENN-go oun-a-NOUN-sio : ess-TOÏ po-DRI-do.	J'ai une déclaration à faire : je pourris.
Lé-VA-ti DAlé PAlé.	Dégage de mes testicules.
GOUENN KIGUE.	Roule au loin.
SAÏ da FRENN-tchi CA-ra.	Sors de devant moi, mec.
Aut-va-LI.	Roule au loin.
AOUT ta maï OUAI menn.	Hors de mon chemin, homme.
AtCHI-aï I-KI-NA.	Va-t'en.
Ao AP.	Soulève-toi.
Sa-LI-té dell ME-di-o LO-ko.	Sors du milieu, taré.

A G E   N E W   A G E   L I T E

1992
Le téléachat surpasse les programmes habituels en matière de divertissement.

1993
Le teint pâle et légèrement maladif est à la mode.

1993
Homer oublie encore l'anniversaire de Marge, établissant un record parfait.

Les talons compensés sont à la mode.

Et le spectacle continue...

Animaux

LES 9 SORTES DE
CHIEN-CHIEN

PISSE-DRU

(connu aussi sous les noms
de P'tite Vessie, M. Fait-
partout et Le Génie)
POUR : Toujours
content de te voir.
CONTRE : Pisse
quand il est content.

JOE LA BAVE

(connu aussi sous
les noms de Plein
la gueule, Dentifrice
et Enragé)
POUR : Peut survivre
pendant des semaines
de ses propres
sécrétions.
CONTRE : Étale
sa bave partout,
y compris sur toi.

VIEUX PUANT

(aussi connu sous les noms
de Okilpu, Schlingos,
Oncle Fétide)
POUR : Est tranquille.
CONTRE : Son odeur
te suit partout.

DORMEUR

(connu aussi sous les noms de
Le Tas, Baron de la Roupille,
Bon-à-rien)
POUR : Nécessite très peu d'attention.
CONTRE : Peut être mort depuis des
semaines sans que tu t'en sois rendu compte.

SHAKER DE POCHE

(aussi connu sous les noms de Gélatina,
Tressautin, et M. La Tremblotte)
POUR : Fait toujours ce qu'on lui
demande.
CONTRE : Tremble quand on lui parle.

LES ANNÉES CANINES

Chaque année de notre vie correspond à environ 7 années canines. Voici des éléments de comparaison.

Distance de la Terre à l'étoile la plus proche (4 années-lumière) = 28 années-lumière canines.

BRUTUS MAXIMUS

(connu aussi sous les noms de Niaqueur, Mâchoire d'Acier et Gentil Chienchien)
POUR : Peut déchiqueter tes ennemis.
CONTRE : Peut te confondre avec tes ennemis.

JAPE-JAPE

(connu aussi sous les noms de Sale Carne, Le Gueulard et La Ferme)
POUR : Bon chien de garde.
CONTRE : Peut avoir une durée de vie limitée.

Temps qu'il faut en moyenne pour laver ton chien (26 minutes) = 3 heures et 2 minutes en années canines.

PSYCHO

(connu aussi sous les noms de M. Congénital, Le Sournois et À Tes Risques et Périls)
POUR : Content d'être dévoué.
CONTRE : Content de te dévorer.

Durée de toute ta scolarité (13 ans) = 91 années canines.

Durée d'un après-midi de chien (6 heures) = 42 heures canines.

Age de l'univers (60 000 000 000 années) = 420 000 000 000 années canines

L'ÊTRE PARFAIT

(connu aussi sous les noms de Amour de ma Vie, Meilleur Ami de l'Homme et Mon Titi N'Olaf)
POUR : Le chien de tes rêves.
CONTRE : Peut se transformer à tout moment en l'un des 8 autres genres de chien.

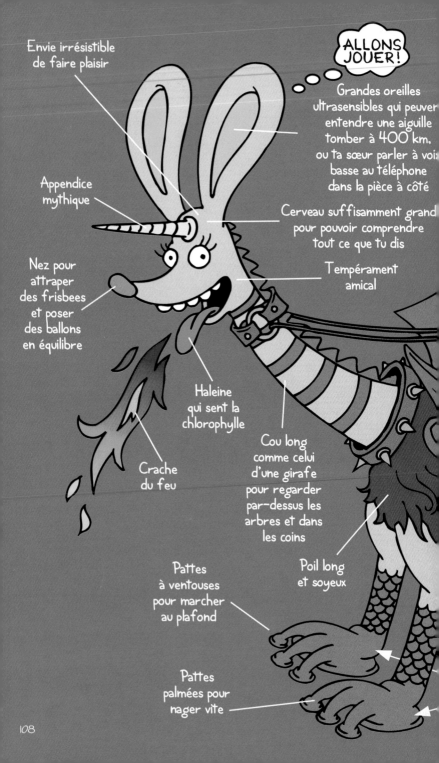

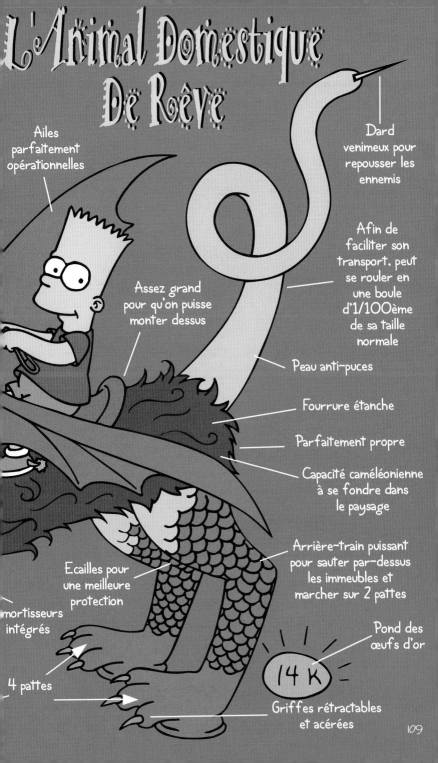

LES ANIMAUX ET

Le moustique qui t'empêche de dormir a 47 dents.

LE VER À SOIE
Il n'est ni à toi, ni à moi, ni en verre. C'est une chenille.

LE HAMSTER
Son prénom n'est pas Fred et il ne danse pas. C'est un rongeur apparenté au cochon d'Inde.

LE ABONLABIÈRE
C'est un animal nocturne que Homer rencontre parfois en sortant de chez Moe.

Pour rester en l'air, une abeille doit battre des ailes 250 fois par seconde.

LE HÉRISSON Il ne s'utilise pas pour ramoner les cheminées. C'est un petit mammifère insectivore d'Europe.

Pour fabriquer et engranger 1 kg de miel (la récolte moyenne d'une ruche moyenne un beau jour d'été), 60 000 abeilles ouvrières butinent 3 000 000 de fleurs en une heure.

Les punaises aboient avec enthousiasme dès qu'elles sentent la

LEURS SECRETS

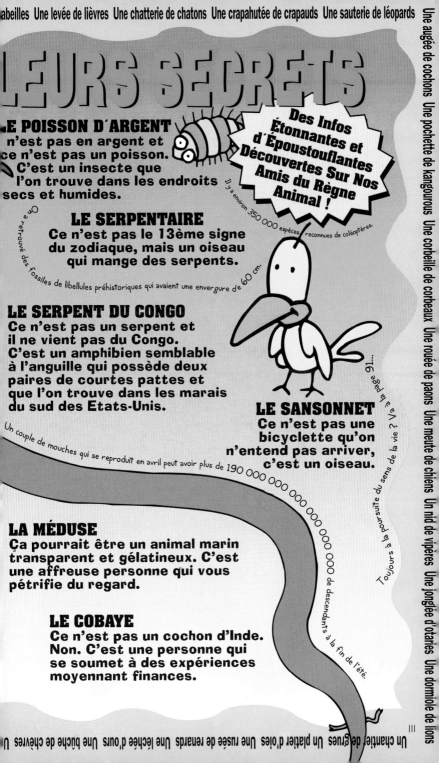

LE POISSON D'ARGENT
n'est pas en argent et ce n'est pas un poisson. C'est un insecte que l'on trouve dans les endroits secs et humides.

Des Infos Étonnantes et d'Époustouflantes Découvertes Sur Nos Amis du Règne Animal !

Il y a environ 350 000 espèces reconnues de coléoptères.

LE SERPENTAIRE
Ce n'est pas le 13ème signe du zodiaque, mais un oiseau qui mange des serpents.

On a retrouvé des fossiles de libellules préhistoriques qui avaient une envergure de 60 cm.

LE SERPENT DU CONGO
Ce n'est pas un serpent et il ne vient pas du Congo. C'est un amphibien semblable à l'anguille qui possède deux paires de courtes pattes et que l'on trouve dans les marais du sud des Etats-Unis.

LE SANSONNET
Ce n'est pas une bicyclette qu'on n'entend pas arriver, c'est un oiseau.

Un couple de mouches qui se reproduit en avril peut avoir plus de 190 000 000 000 000 000 000 000 de descendants à la fin de l'été.

Toujours à la poursuite du sens de la vie ? Va à la page 91...

LA MÉDUSE
Ça pourrait être un animal marin transparent et gélatineux. C'est une affreuse personne qui vous pétrifie du regard.

LE COBAYE
Ce n'est pas un cochon d'Inde. Non. C'est une personne qui se soumet à des expériences moyennant finances.

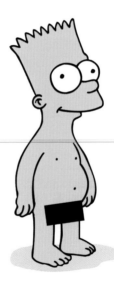

s.e.x.e

1 J'AI LES OREILLES QUI SUENT (QUAND TU PASSES PRÈS DE MOI)
~ Vincent Pabon

2 JE MANGERAIS UN TONNEAU D'OIGNONS ET DE FOIE POUR QUE TU M'AIMES
~ Ding & les Dongs

3 MA CROTTE !
MA CROTTE !
MA CROTTE !
~ Guy Mauve
et ses Polka Rangers

4 DÉCOUPE MON CŒUR EN 1000 MORCEAUX ET SERS-LE AVEC UNE SAUCE SECRÈTE
~ Lurleen Lumpkin

5 NE ME KISSE PAS
~ Jacques Labrêle

6 ATTRAPE MES CUISSES
~ Backchir et Germaine

7 JE CROIS QUE TU AS BESOIN D'UN MASSAGE
~ Funky Raoul

8 SI TU ME PLAQUES JE TE TUE
~ Violentos

114

CHANSONS D'AMOUR TRADITIONNELL POUR COUR DE RÉCRÉ

> MARTIN ET LILOU, ASSIS DERRIÈRE UN BUISSON, SE FONT UN B-I-S-O-U, D'ABORD VIENT LA PASSION, PUIS LE MARIAGE À L'ÉGLISE, ET UN BÉBÉ COMME SURPRISE !

(La Version Cochonne !)

> JE VOIS LE HIBOU, JE VOIS LA HULOTTE, ET : (ici : le nom de ton amoureux), JE VOIS LA CULOTTE.

> MAÎTRESSE, MAÎTRESSE, DE (ici : le nom de ton amoureux) JE VOIS LES FESSES !

L'AMOUR
GUIDE PRATIQUE E

Souvenirs Chéris

(Les trophées les plus précieux des enfants amoureux)

♥ Le bleu qu'elle m'a laissé sur le bras après m'avoir pincé.

♥ La mèche de cheveux que je lui ai arrachée de la tête.

♥ Le crachat qu'elle m'a envoyé.

♥ La menace de mort qu'elle m'a écrite.

♥ L'œil au beurre noir qu'elle m'a fait.

♥ La cicatrice permanente qu'elle m'a infligée, que je chérirai le restant de mes jours.

ELLE DOIT VRAIMENT M'AIMER !

SIGNAUX D'ALARME

Comment savoir que quelqu'un t'aime !

Il/Elle :
- ♥ te court après dans la cour.
- ♥ pouffe d'une manière débile à chaque fois que tu le/la vois.
- ♥ se moque de toi.
- ♥ t'ignore.
- ♥ appelle chez toi et raccroche quand c'est toi qui réponds.
- ♥ t'insulte.

Que faire :

Pas de panique. Reste calme. Moins tu réagis, plus il/elle va s'énerver. Alors reste cool !

À LA RÉCRÉ

ROMANTIQUE POUR GAMINS TROUBLÉS

LE LANGAGE DE L'AMOUR

SALUT, TÊTE DE NŒUD

POIL DE CAROTTE

MORVEUSE

GROS DÉBILE

PUE DU BEC

DÉGUEULITA

TRONCHE DE CAKE

FACE DE FLAN

FILS DE MOUCHE

SALE PESTE

Souviens-toi du vieux mystère de l'amour à la récré :

HAINE = AMOUR

Plus il/elle fait comme s'il/elle te déteste, plus il/elle t'aime vraiment !*

*À moins, bien sûr, qu'il/elle te déteste réellement.

LES FILLES

1. Elles sentent le chewing gum aux fruits.

2. Elles ne veulent jamais jouer à la bagarre.

3. Leurs stupides messes basses de filles.

4. Leurs gloussements débile

5. Elles se jettent de la boue à la figure.

6. Elles font les malignes pour attirer l'attention.

7. Elles disent des choses rien que pour voir l'effet que ça aura.

8. Elles n'arrêtent pas de se peigner les cheveux.

GRRR !

9. Elles sont siiii cruelles.

10. Nous n'avons rien en commu

LES GARÇONS

1. Ils sentent le pop corn et la sueur.

2. Ils veulent toujours jouer à la bagarre.

3. Leurs stupides propos machistes.

4. Leurs gros éclats de rire idiots.

5. Ils se jettent des mottes de terre à la figure.

6. Ils font les imbéciles pour attirer l'attention.

7. Ils lancent des choses rien que pour voir l'effet que ça aura.

8. Ils ne se peignent jamais les cheveux.

GRRR !

9. Ils sont siiii méchants.

10. Nous n'avons rien en commun.

117

LES BÉBÉS : D'OÙ[

Tout le monde craque pour ces adorables petits bébés, n'est-ce pas ? Mais quelle est l'origine de ces minuscules paquets de chair humanoïde hurlante ? Bartholomew J. (pour «jestation») Simpson, notre reporter sur le terrain, a interrogé les personnalités les plus en vue de Springfield. Voici les réponses qu'il a obtenues.

MARGE SIMPSON
«Heu... attends que ton père rentre à la maison, il t'expliquera.»

JANEY POWELL
«Je crois que c'est le facteur qui les apporte.»

MILHOUSE VAN HOUTEN
«Ils sont fabriqués au pôle Nord par de gentils petits lutins.»

LEWIS
«Tu téléphones et tu en commandes un, comme pour une pizza, sauf qu'il faut neuf mois pour la livraison. Mais s'ils le livrent en retard, le bébé est gratuit.»

EDNA KRABAPPEL
«Des fainéants de maris les font à leurs jeunes secrétaires nubiles. Les meilleures années de ma vie foutues en l'air et maintenant il joue au papa et à la maman avec cette minette du bureau des dactylos. Voilà, tu es satisfait?»

RALPH WIGGUM
«Mes parents disent qu'ils m'ont acheté par correspondance.»

TODD FLANDERS
«Je ne sais pas très bien, mais tu peux aller en Enfer pour avoir posé cette question.»

WILLIE LE JARDINIER
«Mon gars, tu me demandes ça encore une fois et tu vas aller faire ton sondage au fond d'un puits.»

BARNEY GRUMBLE
«Oh mon Dieu ! Je suis encore enceint ?»

MOE
«T'inquiètes pas, Barney. Je ferai de toi un honnête homme.»

LISA SIMPSON
«Tout ce que je sais, c'est qu[e] tu es le résultat d'une expérience génétique qui a ma[l] tourné. Mais Maman et Papa m'ont fait jurer de garder le silence, alors si tu leur en par[les] je nierai tout.»

VIENNENT-ILS ?

KRUSTY LE CLOWN
«En raison de l'énorme quantité de courrier que Krusty reçoit, il ne peut répondre à ta question. Continuez à regarder l'émission, les enfants ! »

TAHITI MEL
«Pas de réponse / Bruits de klaxon»

NELSON MUNTZ
«A voir ta face, je dirais le zoo. Ha ha ha !»

JASPER
«Les tétés ?! Vindjou, y'a longtemps que j'en ai pas vu !!»

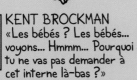

KENT BROCKMAN
«Les bébés ? Les bébés... voyons... Hmmm... Pourquoi tu ne vas pas demander à cet interne là-bas ?»

GRAND-PERE SIMPSON
«Les mémés ?! Tiens, regarde, y en a plein ici à l'hospice.»

SHERRI ET TERRI
« Pfu ! Tout le monde sait que c'est la cigogne qui les dépose dans la cheminée !»

HOMER SIMPSON
«Va demander à ta mère.»

119

Psychologie

LANGAGE CORPORE

COMMENT DEVINER QUAND QUELQU'UN TE MENT :

> JE LE JURE !

1) La personne évite de te regarder droit dans les yeux, ou te regarde fixement droit dans les yeux.

2) La personne tripote ses vêtements.

> POUR DE VRAI !

3) La personne commence à avoir des gouttelettes de sueur sur le front.

4) Des traits de puanteur apparaissent au-dessus de la tête de la personne.

> SANS MENTIR !

5) Si tu regardes à côté de la tête de la personne, il y a une différence entre la bulle de ce qu'il dit et la bulle de ce qu'il pense.

> DÉBILE !

122

CE QUE RÉVÈLENT LES POSTURES DU CORPS :

LA P'TITE PESTE
(bras croisés devant la poitrine)
— J'le ferai pas, na !

M. LE CHEF
(les poings sur les hanches)
— Fais ce que je dis et je te punirai moins sévèrement que les autres.

L'EXTRAVERTI
(sur la pointe des pieds, les bras ouverts)
— Je suis à l'aise avec mon arrogante sociabilité.

LE GRIBOUILLIS
(amas indéchiffrable de lignes emmêlées)
— Auteur fatigué de dessiner.

LA BRUTE
(poitrine en avant, bras tenant un gros objet en forme de gourdin)
— T'es mort, débile.

LE CANCRE
(position allongée, yeux fermés)
— Chhhuut ! Je fais ma sieste.

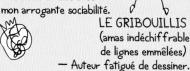

LE GÉNIE
(position allongée, yeux fermés en pleine méditation)
— Chhhuut ! je me concentre.

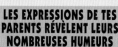

LES EXPRESSIONS DE TES PARENTS RÉVÈLENT LEURS NOMBREUSES HUMEURS
— guide des subtilités faciales et de ce qu'elles t'apprennent sur ces gens à multiples facettes que nous appelons Maman et Papa.

EN COLÈ

LE LANGAGE DES CHAPEAUX :

LA RÉSILLE
— Les cheveux sont précieux et ils doivent absolument être protégés.

LE BONNET DE DOUCHE
— Ça empêche les aliens de contrôler mon esprit.

LE CHAPEAU DE BOUFFON
— Je plaisantais quand je t'ai appelé le Vieux Hurleur.

LE BÉRET
— Je roule mes cigarettes.

L'ABAT-JOUR
— Donne-moi 'core un p'tit verre et ch'te fais eul moonwalk.

LE CHAPEAU DE COW-BOY
— Je suis un individualiste acharné, comme tout le monde.

LA TOQUE
— 'Tain. J'ai encore fait cramer les hot-dogs.

LE SOMBRERO
— Où est parti mon rencard ?

Encore un peu paumé ? Alors apprenez ce que la vie signifie réellement en allant page 20...

LE LANGAGE DES MAINS :

ACTION	SIGNIFICATION
Doigts tambourinant sans arrêt.	Tes actes commencent un tantinet à m'énerver.
Doigts massant les tempes.	J'ai bien peur que ton exubérance juvénile ne triomphe de ma patience.
Mains pressées l'une contre l'autre comme pour une prière.	Je te prie de cesser ce vacarme à l'instant, ou je pourrais bien prendre des mesures.
Mains se transformant en poings.	Je me sens très tendue à présent et il se peut que je ne puisse plus contenir ma colère.
Articulations blêmissant.	Je sens ma tension monter très rapidement.
Mains autour du cou.	Je suis mécontente de ton comportement et je sens que je dois prendre des sanctions.

ENRAGÉ	FURIEUX	COURROUCÉ	FURIBOND	EXASPÉRÉ	FÂCHÉ	INDIGNÉ	AFFAMÉ

PHOBIES

Acousticophobie
– peur du bruit

Amathophobie
– peur de
la poussière

Amaxophobie
– peur de voyager en voiture

Anuptophobie
– peur de rester célibataire

Autophobie
– peur de soi

Blennophobie
– peur du mucus

Bolchophobie
– peur du Bolchévisme

Cathisophobie
– peur d'être assis

Chaetophobie
– peur des cheveux

Chérophobie
– peur de la gaieté

Ecophobie
– peur d'être
chez soi

Hédonophobie
– peur du plaisir

Hypengyophobie
– peur de la
responsabilité

Kinésophobie
– peur du mouvement

Lallophobie
– peur de parler

Lilapsophobie
– peur des tornades

MÉGA-
TEUF !

Linonophobie
– peur de la ficelle

Macrophobie
– peur des longues
attentes

Mégalophobie
– peur des grands objets

Mélissophobie
– peur des abeilles

Métrophobie
– peur de la poésie

Nébulophobie
– peur du brouillard

Papophobie
– peur du pape

Philophobie
– peur de tomber amoureux

Placéophobie
– peur des pierres tombales

R.I.P.

Pogonophobie
– peur des barbes

Politicophobie
– peur des hommes politiques

Ptéronophobie
– peur d'être chatouillé par des plumes

Rhytiphobie
– peur d'avoir des rides

Septophobie
– peur de la matière en décomposition

Socérophobie
– peur des beaux-parents

Sophophobie
– peur d'apprendre

Stasibasiphobie
– peur d'être debout

Stygiophobie
– peur de l'Enfer

Tapinophobie
– peur des petits objets

Technophobie
– peur des arts et de l'artisanat

Triskaïdékaphobie
– peur du chiffre 13

Ouranophobie
– peur du Paradis

Verbophobie
– peur des mots

Xylophobie
– peur du bois

Pantophobie
– peur de tout

Phobophobie
– peur de la peur

125

Laisse Tes **PHOBI**

Sois bien attentif. Tu peux tirer parti de tes phobies, mec. Il t'est possible d'éviter tout travail grâce à la technique suivante, testée en milieu médical, avec l'autorisation du Dr. Bartholomew J. Simpsund.

Napoléon souffrait d'ailurophobie, ou peur des chats.

Degas avait la nausée à chaque fois qu'il était en présence de fleurs ou de parfum.

Assemble des préfixes d'origine grecque et ajoute «phobie» à la fin. Tu en as marre de manger des abats au repas ? No problemo...

Thomas Hobbes avait peur du noir et dormait les lumières allumées.

> DÉSOLÉE, MAMAN. JE SOUFFRE DE PHAGOHÉPATOPHOBIE. PLUS DE FOIE POUR MOI.

ou

> J'AIMERAIS VRAIMENT TE FAIRE LA BISE, TANTE SELMA, MAIS JE SOUFFRE DE LIPORHINOPHOBIE.

ou bien la meilleure de toutes

> MINCE, MLLE KRABAPPEL, C'EST À CAUSE DE MA SCRIPTERGOPHOBIE SI JE N'ARRIVE PAS À RENDRE MES DEVOIRS À TEMPS !

126

Winston Churchill avait une bonne astuce pour vaincre son trac. Il imaginait que toutes les personnes chaussettes trouée. dans la salle avaient une de leurs chaussettes troué.

Les **6** symptômes de la phobie :
1. Pouls rapide 2. Paumes des mains moites
3. Respiration saccadée 4. Augmentation de la tension artérielle 5. Tension musculaire accrue 6. Slip humide

À toi d'essayer maintenant. Mixe quelques-uns des mots ci-dessous et vois ce qu'ils peuvent faire pour toi.

Grec – Français

aéro – air	gastro – ventre	philo – amour
amatho – poussière	glosso – langue	phono – voix, son
anémo – vent	gluco – sucré	presbyto – vieux
athléto – compétition	gymno – nu	psycho – esprit
biblio – livre	hagio – saint	rhino – nez
caco – mauvais	hépato – foie	sauro – reptile
céphalo – tête	herpeto – ramper	scope – regard, vue
chaéto – cheveux	hygro – humide	
cholo – bile	hypno – sommeil	scripto – regarder
choréo – danse	lallo – parler	squeletto – momie
copro – excrément	latro – culte	sphéro – globe
dermo – peau	lépido – écaille	tacho – rapide
didacto – enseigner	lipo – graisse	taphe – tombeau
dys – difficulté	myco – champignon	thanato – mort
éco – maison	odonto – dent	topo – lieu
éméto – vomir	oïdo – oeuf	tribo – frotter
ergo – travail	oniro – rêver	uro – urine
éroto – désir sexuel	oxy – aigu	xéno – invité, étranger
galacto – lait	patro – père	

crottes de nez coprorhinophobie – peur des crottes de nez

copromophobie – peur de la peau qui se forme sur le chocolat chaud si on ne le boit pas assez vite,

cacaérophobie – peur de la mauvaise haleine, hypnotopophobie – peur de faire son lit, gymnogastrophobie – peur des ventres nus, tribodonx

xaphobie – peur de se brosser les dents, sphérochaétophobie – peur des boules de cheveux, glucodermophobie

LE DR. MARVIN MONROE VOUS DIT TOUT SUR LES 3 TYPES DE CERVEAUX

Vous savez bien, comme la Terre, votre cerveau est divisé en deux hémisphères — un droit et un gauche. Et chez la plupart des gens, un hémisphère est plus dominant, ou déterminant, que l'autre. Et c'est celui-ci qui définit souvent les traits de caractère de la personne, ses facultés, ses capacités et sa façon de penser... sauf, bien sûr, si cette personne a le cerveau n°3. Celui-ci est un cerveau dans lequel aucun des deux hémisphères ne souhaite participer à la définition des traits, facultés ou capacités, ni même à des décisions quotidiennes.

N°1 LE CERVEAU-GAUCHE

Méticuleux, tatillon, pointilleux et crispé. Ces personnes deviennent souvent compteurs de petits pois, fondus d'informatique ou inspecteurs des impôts.

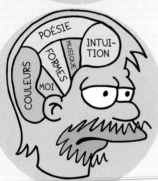

N°2 LE CERVEAU-DROIT

Egocentrique, «bohème» et superficiel. Ce type correspond souvent à des artistes, poètes, dessinateurs de BD ou mimes ambulants.

N°3 LE CERVEAU-LENT

Stupide, idiot et à la masse. Ils deviennent souvent hommes politiques, mannequins et scénaristes de sitcoms.

Justice

135

Les Vraies LOIS DES USA,

WILBUR, WASHINGTON
On peut te donner une amende de 300 $ si tu montes un cheval moche.

GARFIELD COUNTY, MONTANA
Tu n'as pas le droit de dessiner des visages rigolos sur tes volets.

PORTLAND, OREGON
Tu peux te faire arrêter pour t'être baigné sans les vêtements adéquats.

HOOD RIVER, OREGON
Tu ne peux pas jongler sans un permis de jonglage.

DAKOTA DU NORD
Il est illégal de tomber endormi avec ses chaussures aux pieds.

BELVEDERE, CALIFORNIE
Un chien ne peut entrer dans un lieu public sans avoir son maître en laisse.

MONTANA
C'est un crime pour une femme d'ouvrir le courrier de son mari.

= HONK!
HONK!

WATERLOO, NEBRASKA
Les coiffeurs n'ont pas le droit de manger des oignons entre 7 heur du matin et 7 heures du s

SAN FRANCISCO, CALIFORNIE
Il est illégal de postillonner sur les vêtements des gens.

NEVADA
Il est illégal d'aller sur une autoroute à dos de chameau

YUKON, OKLAHOMA
Il est interdit aux patients d'arracher les dents de leur dentiste.

CALIFORNIE
Il est illégal de chasser le canard en avion.

LOS ANGELES, CALIFORNIE
On ne peut pas faire prendre un bain à deux bébés en même temps.

CARRIZOZO, NOUVEAU MEXIQUE
Les femmes ne peuvent pas apparaître en public si elles ne sont pas rasées.

NORMAL, OKLAHOMA
Il est illégal de faire une grima à un chien.

FAIRBANKS, ALASKA
Tu iras en prison si tu sers des boissons alcoolisées à un élan.

HAWAÏ
Tu peux participer à une compétition de nata tant que tu ne portes pas un caleçon de bain.

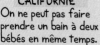

136

MEC !

Oublie toutes ces débilités qu'on essaie de t'enseigner à l'école. Les États-Unis ne sont pas le pays des libertés, mec, surtout quand les flics sont dans le coin. Si tu ne me crois pas, essaie de sortir ton yoyo à Memphis un dimanche. Si tu te fais prendre le pantalon autour des chevilles, suis ces 3 règles simples : c'est pas moi, personne ne m'a vu, vous ne pouvez rien prouver. Si ça ne marche pas, plaide la folie. Je te soutiendrai à 100 pour cent, mec.

INTERNATIONAL FALLS, MINNEAPOLIS
Les chats n'ont pas le droit de chasser les chiens jusque sur les poteaux téléphoniques.

ROCHESTER, NEW JERSEY
Les enfants n'ont pas le droit de collectionner les vieux mégots de cigare.

NEW HAMPSHIRE
Il est illégal de colorer la margarine en rose.

MICHIGAN
Les cheveux d'une femme sont la propriété exclusive de son mari.

CONNECTICUT
On peut aller en prison pour avoir essayé d'instruire son chien.

HOMER, ILLINOIS
Seuls les officiers de police sont habilités à porter des lance-pierres.

PENNSYLVANIE
Il est illégal pour les baby-sitters de dévaliser les réfrigérateurs.

SOUTH BEND, INDIANA
Il est illégal pour les singes de fumer des cigarettes.

MARYLAND
Il est illégal d'emmener un lion au cinéma.

TENNESSEE
Il est interdit d'utiliser un lasso pour pêcher des poissons.

ELKHART, INDIANA
Il est interdit aux coiffeurs de faire peur aux enfants pour qu'ils se tiennent tranquilles en les menaçant de leur couper les oreilles.

BOUH !

VIRGINIE
Il est illégal de prendre un bain sans l'autorisation du médecin.

SACO, MONTANA
Les femmes n'ont pas le droit de porter des chapeaux qui pourraient faire peur aux enfants ou aux animaux.

NATCHEZ, MASSACHUSSETTS
Il est illégal pour un éléphant de boire de la bière.

MIAMI, FLORIDE
Les hommes ne peuvent pas porter des robes sans bretelles en public.

HOUSTON, TEXAS
Tu n'as pas le droit d'acheter du fromage, du foie gras ou du pain de seigle un dimanche.

SARASOTA, FLORIDE
Ne te fais pas prendre en train de chanter en bikini, ou tu iras chanter le blues en prison.

RECHERCHÉ

Va à la page 82 pour lever le voile sur le sens secret de la vie...

Noël

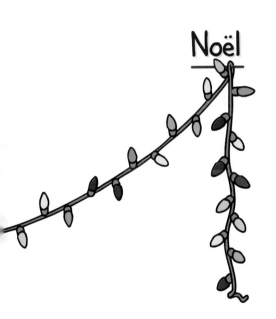

LES AVIS "POUR"

On le voit à la télé.

Des millions de gens ne peuvent pas avoir tort.

Les ritournelles de Noël.

Les cadeaux au pied du sapin.

Les programmes télé spécial Noël.

Le chocolat chaud et la carotte ne sont plus là le matin.

Il fait partie de la richesse de notre culture traditionnelle.

Le pôle Nord se trouve sur la plupart des cartes officielles.

Il est arrivé des choses plus bizarres.

Les lutins.

Nos parents ne nous mentiraient jamais.

LE PÈRE NOË

REBONJOUR, MES CHERS AMIS NAÏFS. DANS CE CHAPITRE, NOUS DISCUTONS DE L'ÉTERNELLE QUESTION : LE PÈRE NOËL EXISTE-T-IL VRAIMENT OU BIEN N'EST-IL QUE LE FRUIT DE L'IMAGINATION DÉBRIDÉE DES PUBLICISTES ET DES PRODUCTEURS DE TÉLÉ ? JUGES-EN PAR TOI-MÊME, MEC.

LES CANCRES ANONYMES DON

LES AVIS "CONTRE"

Il est même dans des pubs pour rasoirs.

Les gens croient tout ce qu'on leur dit.

Comment ça se fait qu'on a des cadeaux même si on n'a pas été gentil ?

BIEN SÛR, SI TU DÉCIDES QUE CETTE HISTOIRE DE PÈRE NOËL N'EST QU'UN ÉNORME CANULAR, NE VIENS PAS PLEURER SI TOUT CE QUE TU REÇOIS COMME CADEAU L'AN PROCHAIN EST UN TAS DE CHARBON !

Pourquoi le père Noël donne-t-il plus de cadeaux aux riches qu'aux pauvres ?

Les pubs au moment de Noël.

Les baisers sous le gui.

C'est l'incarnation du consumérisme absolu.

Qui donc voudrait vivre au pôle Nord ?

Comment un étranger peut-il connaître ta pointure ?

Les lutins.

Grandis un peu, mec.

LES 12 JOURS DE L'AVENT

Le **1er** jour un type super m'a donné **DES BONGOS ET UNE BARBICHE.**

Le **2ème** jour un type super m'a donné **DEUX MONSTER TRUCKS,** des bongos et une barbiche.

Le **3ème** jour un type super m'a donné **TROIS SKATEBOARDS,** deux Monster Trucks, des bongos et une barbiche.

Le **4ème** jour un type super m'a donné **QUATRE POUPÉES KRUSTY,** trois skateboards, deux Monster Trucks, des bongos et une barbiche.

Le **5ème** jour un type super m'a donné **CINQ TATOUAGES DE LA MORT,** quatre poupées Krusty, trois skateboards, deux Monster Trucks, des bongos et une barbiche.

Le **6ème** jour un type super m'a donné **SIX PISTOLETS A RAYONS COSMIQUES,** CINQ TATOUAGES DE LA MORT, quatre poupées Krusty, trois skateboards, deux Monster Trucks, des bongos et une barbiche.

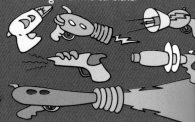

Le **7ème** jour un type super m'a donné **SEPT T-SHIRTS PIRATES,** six pistolets à rayons cosmiques, CINQ TATOUAGES DE LA MORT, quatre poupées Krusty, trois skateboards, deux Monster Trucks, des bongos et une barbiche.

144

Si tu veux toujours connaître le sens de la vie, va page 23...

Le **8ème** jour un type super m'a donné **HUIT MAXI SQUISHEES**, sept T-shirts pirates, six pistolets à rayons cosmiques, CINQ TATOUAGES DE LA MORT, quatre poupées Krusty, trois skateboards, deux Monster Trucks, des bongos et une barbiche.

Le **9ème** jour un type super m'a donné **NEUF GRENOUILLES SAUTEUSES**, huit Maxi Squishees, sept T-shirts pirates, six pistolets à rayons cosmiques, CINQ TATOUAGES DE LA MORT, quatre poupées Krusty, trois skateboards, deux Monster Trucks, des bongos et une barbiche.

Le **10ème** jour, un type super m'a donné **DIX COBRAS CRACHEURS**, neuf grenouilles sauteuses, huit Maxi Squishees, sept T-shirts pirates, six pistolets à rayons cosmiques, CINQ TATOUAGES DE LA MORT, quatre poupées Krusty, trois skateboards, deux Monster Trucks, des bongos et une barbiche.

Le **11ème** jour un type super m'a donné **ONZE ZOMBIES CLAUDIQUANT**, dix cobras cracheurs, neuf grenouilles sauteuses, huit Maxi Squishees, sept T-shirts pirates, six pistolets à rayons cosmiques, CINQ TATOUAGES DE LA MORT, quatre poupées Krusty, trois skateboards, deux Monster Trucks, des bongos et une barbiche.

Le **12ème** jour un type super m'a donné **DOUZE MILLIONS DE DOLLARS**, onze zombies claudiquant, dix cobras cracheurs, neuf grenouilles sauteuses, huit Maxi Squishees, sept T-shirts pirates, six pistolets à rayons cosmiques, CINQ TATOUAGES DE LA MORT, quatre poupées Krusty, trois skateboards, deux Monster Trucks, des bongos et une barbiche.

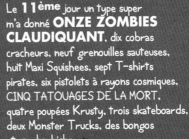

145

TOUS EN CHŒUR

DÉCORE LE BIDE DE TON PÈRE
(sur l'air de
«Deck the Halls»)

Décore le bide de ton père,
  Fa la la la la, la la la la,
Pendant qu'il ronfle bien pépère,
  Fa la la la la, la la la la,
De la confiote si possible,
  Fa la la la la, la la la la,
Ça fera une super cible.

Puis fais-en une bûche de Noël,
  Fa la la la la, la la la la,
Au chocolat, c'est une merveille,
  Fa la la la la, la la la la,
Mais éloigne les animaux,
  Fa la la la la, la la la la,
Ou ton père connaîtra leurs crocs.
  Fa la la la la, la la la la.

Une belle guirlande, ça vaut la peine,
  Fa la la la la, la la la la,
Ça ira avec son haleine,
  Fa la la la la, la la la la,
Au sommet une étoile dorée,
  Fa la la la la, la la la la,
Les voisins, sûr, vont adorer,
  Fa la la la la, la la la la.

Si tu vois ton père s'réveiller,
  Fa la la la la, la la la la,
Cache son bide avec l'oreiller,
  Fa la la la la, la la la la,
Dis-lui qu'il est appétissant,
  Fa la la la la, la la la la,
Et file, il peut dev'nir méchant.
  Fa la la la la, la la la la.

Ô CANNIBALES, Ô CANNIBALES
(sur l'air de
«Mon beau sapin»)

Ô Cannibales, Ô Cannibales,
Que mangerez-vous pour Noël ?
Ô Cannibales, Ô Cannibales,
Que mangerez-vous pour Noël ?
Homer farci est digne d'un r'pas,
Mais il pèse sur l'estomac.
Ô Cannibales, Ô Cannibales,
Que mangerez-vous pour Noël ?

Ô Cannibales, Ô Cannibales,
Je commence à avoir peur.
Ô Cannibales, Ô Cannibales,
Je commence à avoir peur.

Vos sourires sont
        pleins de gaieté,
mais ils deviennent carnassiers.
Ô Cannibales, Ô Cannibales,
Je commence à avoir peur.

Ô Cannibales, Ô Cannibales,
J'aimerais ne pas vous connaître.
Ô Cannibales, Ô Cannibales,
J'aimerais ne pas vous connaître.
Me manger fut un grand plaisir,
Maint'nant j'espère vous faire vomir.
Ô Cannibales, Ô Cannibales,
J'aimerais ne pas vous connaître.

AVEC BART NOËL !

KIKI LE LÉPREUX
(sur l'air de
«Vive le vent»)

C'est Kiki le lépreux
Qu'a perdu son nez
Mais il est très heureux
Il lui reste son pied – eh (bis).

Il danse sur les feuilles
Et essaie de voler
Mais quand il veut sauter
Oups voilà qu'il perd son œil.

Il est venu nous voir
Pas plus tard qu'hier
Mes amis quelle histoire
Son oreille tombe dans sa bière.

C'est Kiki le lépreux
Qu'est toujours joyeux

TU EN AS MARRE DE CES VIEILLES PAROLES QUI SONT TOUJOURS LES MÊMES ? ESSAIE CES VARIANTES ÉNERVANTES ET IMMATURES.

Chansons de Noël pour survivre aux Fêtes.

On le trouve très mignon
Même avec ses
moignons – ons (bis).

Kiki aime faire la bombe
Il a même un truc
Quand ses cheveux tombent
Il vous fait une perruque.

Il nous donne une leçon
De courage et de joie
En cas de dépression
On peut vivre avec trois doigts.

Ce Kiki le lépreux
On dit qu'c'est un as
Même s'il est malheureux
Il n'perd pas la face – ace (bis).

147

CADEAUX DE NOËL !

ÉCHANTILLONS DE LESSIVE
GRATUIT !
DANS VOTRE BOÎTE AUX LETTRES !

NOUVELLE FORMULE

LE CHIEN

POCHETTE D'ALLUMETTES

AVEC "LOANA"

3615 SSSEINS

BOUTEILLE OU CANETTE RECYCLABLE VIDE COÛT **40** CTS

BIÈRE DUFF

BIÈRE DUFF

CONFETTI
Deviens créatif pour moins de 80 cts

DERNIÈRE MINUTE
À MOINS DE 30 BALLES

CHAUSSETTE PLEINE DE RIZ

Pas plus de

10 Francs

Pièce porte-bonheur
10 pour 1 franc !

MYSTÉRIEUSE SCULPTURE EN TROMBONE

MOINS DE 15 CTS CHAQUE !

POÈME INTELLO

Très personnel !

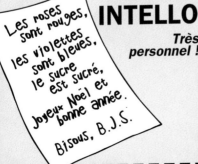

Les roses sont rouges, les violettes sont bleues, le sucre est sucré, Joyeux Noël et bonne année.

Bisous, B.J.S.

CAILLOU PRESSE-PAPIERS TRÈS UTILE

SUJET DE CONVERSATION

Moins d'un centime pièce !

149

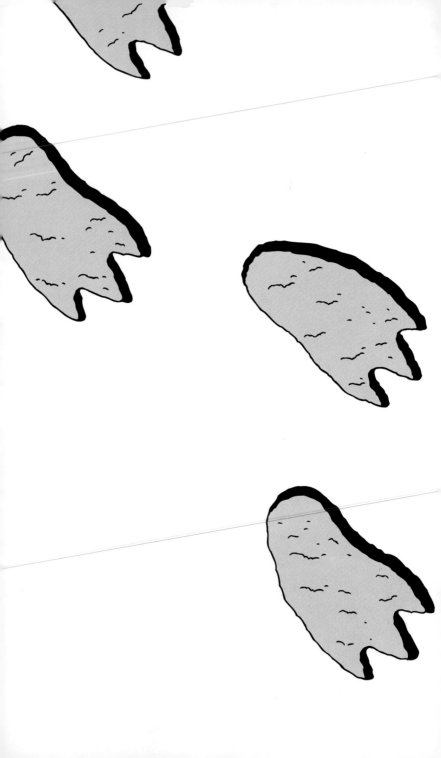

Paranormal

Bart Simpson présente

LES MYSTÉRI...

DE L'UNIVERS QUE MOI-M...

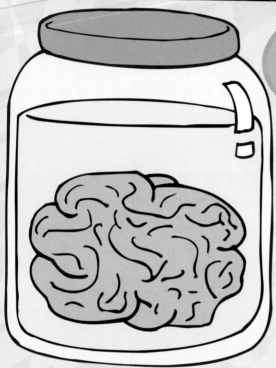

Comment pouvons-nous être sûrs que nous ne sommes pas en train de rêver et qu'en fait nous sommes un cerveau dans un bocal dans le laboratoire d'un savant fou ?

Et si on croyait que c'est nous qui leur faisons une blague, alors qu'en fait c'est eux ?

Si le Paradis est l'endroit rêvé pour tous, alors qui c'est qui est de corvée de chiottes ?

Y a-t-il des boys bands en Enfer ?

Pourquoi le maïs à la crème n'est-il pas interdit ?

Tout le monde sait que la Sauce Secrète c'est du sucre, de la mayonnaise, du sel et... quoi ? Quel est cet ingrédient-mystère, appétissant et alléchant ?

Pourquoi les suites des films sont toujours aussi mauvaises, mais qu'on va les voir quand même ?

Comment pouvons-nous savoir que l'univers tout entier n'est pas la rêverie passagère d'un super-scarabée magique d'un monde parallèle ?

Et si Dieu ne pigeait rien à mon enthousiasme juvénile ?

UX MYSTÈRES

E JE PEUX PAS EXPLIQUER

Pourquoi Dieu a-t-il créé les bousiers ?

Y a-t-il de la Sauce Secrète au Paradis ?

Le monde ne serait-il pas plus gai si on se baladait tous à poil ?

Pourquoi Dieu a-t-il créé les vers solitaires ?

Si tu veux connaître le sens de la vie, va page 110...

Est-ce que Dieu aime la Sauce Secrète ?

Pourquoi Dieu a-t-il créé Barney le Dinosaure ?

L'ultime réponse à toute question, qu'elle soit profonde, réfléchie, ou cosmique, ne devrait-elle pas simplement être : «On s'en fiche !»

Si Dieu est tout puissant, pourrait-il avaler de la Sauce Secrète à s'en rendre malade ?

Quand les Trois Petits Cochons n'arrêtent pas de dire «Par les poils de mon menton et ma queue en tire-bouchon», que diable entendent-ils par là ?

153

Bartholomew J. (pour «Jeune Crétin») Simpson présente

HOMER SIMPSON ET SES

POURQUOI QUE ?

POURQUOI qu'ils font pas un parfum qui sent la pâte frite ?

POURQUOI qu'on peut pas conduire une voiturette de golf sur l'autoroute ?

POURQUOI qu'on appelle ça un "bel hiver" quand il y a juste un peu de neige et du verglas partout ?

POURQUOI qu'une personne qui a aussi peu de cheveux que moi a autant de poux ?

POURQUOI que les brochettes sont aussi fantas-tiquement délicieuses ?

POURQUOI qu'on est obligés d'acheter tout un cornet de glace quand tout ce qu'on veut, c'est le coulis sucré, si sucré ?

POURQUOI que je sue quand je mange ?

POURQUOI que les femmes ne s'aperçoivent pas que la calvitie, c'est sexy ?

POURQUOI que le type qui a inventé le hamac n'est pas considéré comme le plus grand génie que la Terre ait jamais eu ?

POURQUOI que, même si j'essaie très dur, deux tiens ne valent jamais un tu l'auras ?

POURQUOI que les chats se trouvent si malins avec leur drôle de démarche et leurs petites ruses pour manger tous mes harengs ?

POURQUOI qu'il n'y a pas des canapés vibrants super confortables dans les bowlings pour qu'on puisse s'allonger en attendant son tour ?

POURQUOI que les gens disent que la télé est une perte de temps stupide et abrutissante sans réel bénéfice pour l'humanité, alors qu'il y a tellement de programmes divertissants 24 heures par jour ?

POURQUOI qu'on ne sert pas la deuxième meilleure boisson – je parle, bien sûr, du grog – toute l'année ?

POURQUOI que la colle des timbres est si fantastiquement délicieuse ?

POURQUOI que Marge laisse cette boîte de bicarbonate de soude ouverte au fond du frigo, et que quand j'essaie d'en manger, ça a un drôle de goût ?

POURQUOI que je suis affligé d'un fils qui me fait toujours des crasses, même si je le laisse souvent astiquer mes trophées de bowling ?

POURQUOI qu'il n'y a qu'une seule chose dans l'univers qui est intéressante et qui s'appelle nourriture ?

155

LE MONDE MERVEI

1. LA MANTE RELIGIEUSE GÉANTE
2. LE BIGFOOT (Sasquatch)
3. LE BLOB
4. LA FEMME DE 50 PIEDS
5. LE LEPUS
6. LE CALAMAR GÉANT
7. LE GÉANT VERT
8. COLOSSUS
9. LES ZOMBIES (Les Morts-Vivants)
10. LES FOURMIS TUEUSES

11. LA CACAHUÈTE LA PLUS GROSSE DU MONDE
12. KING KONG
13. BOULE DE NEIGE, LA CHÈVRE TUEU
14. LA CRÉATURE DU LAGON NOIR
15. LA CHOSE
16. LE MONSTRE DU LOCH NESS
17. MISTER HYDE
18. LES DENTS DE LA MER
19. MONSTRO
20. LE LOUP-GAROU
21. L'HOMME INVISIBLE

EUX DES MONSTRES

22. LE BOSSU DE NOTRE-DAME
23. LE FANTÔME DE L'OPÉRA
24. LA MÉDUSE
25. LES MUTANTS DE L'ESPACE
26. LE MONSTRE DE
    FRANKENSTEIN
27. LE COMTE DRACULA
28. LE GOLEM
29. LE CYCLOPE
30. LA MOMIE
31. LA FIANCÉE DE FRANKENSTEIN
32. TOTO LE SERPENT DE MER
    QUI A LE MAL DE MER
33. GIDRAH
34. LES TRIFFIDES
35. LE YÉTI (l'Abominable Homme des Neiges)
36. MOBY DICK
37. MINYA (Tadzilla)
38. GODZILLA
39. L'HUÎTRE GÉANTE
40. LA PIEUVRE GÉANTE
41. LE DIABLE DE TASMANIE

157

LES MONSTRES P[...]

NOM	HABITAT OU LIEU D'ORIGINE	CARACTÉRISTIQUES
1. LA MANTE RELIGIEUSE GÉANTE	L'Arctique / Migre vers Washington	
2. LE BIGFOOT (Sasquatch)	Le nord-ouest des Etats-Unis et le Canada	
3. LE BLOB	Météorite / Atterrit dans une petite ville anonyme des USA	
4. LA FEMME DE 50 PIEDS	Quelque part en Californie	
5. LE LEPUS	Arizona	
6. LE CALAMAR GÉANT	20 000 lieues sous les mers	
7. LE GÉANT VERT	La Vallée du Géant Vert	
8. COLOSSUS	Le sud-ouest des USA et le Mexique	
9. LES ZOMBIES (Les Morts-Vivants)	Le sud-est des USA et les Caraïbes	
10. LES FOURMIS TUEUSES	Le Nouveau-Mexique / Les égoûts de Los Angeles	
11. LA CACAHUÈTE LA PLUS GROSSE DU MONDE	Ashburn en Géorgie (USA)	
12. KING KONG	L'île du Crâne / Puis expédié par bateau à Manhattan	
13. BOULE DE NEIGE, LA CHÈVRE TUEUSE	Locust Grove en Géorgie (USA)	
14. LA CRÉATURE DU LAGON NOIR	Le Lagon Noir aux sources de l'Amazone	
15. LA CHOSE	L'espace / Atterrit dans l'Arctique	
16. LE MONSTRE DU LOCH NESS	Le Loch Ness en Ecosse	
17. MISTER HYDE	Londres	
18. LES DENTS DE LA MER	L'océan Atlantique, au début	
19. MONSTRO	Les Océans	
20. LE LOUP-GAROU	Londres	

LÉGENDE

Créature aquatique

Animal mythique

Mangeur d'hommes

Géant

Buveur de sang

Créé par l'homme

Change de forme

Menace pour l'humanité

JR TOUS

FORMAT DE POCHE, PRATIQUE ET MONSTRO-MATIQUE !

GNIH HIHIHA AR !!!

NOM	HABITAT OU LIEU D'ORIGINE	CARACTÉRISTIQUES
21. L'HOMME INVISIBLE	Londres	
22. LE BOSSU DE NOTRE-DAME	Paris	
23. LE FANTÔME DE L'OPÉRA	Paris	
24. LA MÉDUSE	Une île quelque part en Asie Mineure	
25. LES MUTANTS DE L'ESPACE	L'espace	
26. LE MONSTRE DE FRANKENSTEIN	Genève	
27. LE COMTE DRACULA	La Transylvanie en Roumanie	
28. LE GOLEM	Prague	
29. LE CYCLOPE	L'île de Colossa	
30. LA MOMIE	Le Caire	
31. LA FIANCÉE DE FRANKENSTEIN	Genève	
32. TOTO LE SERPENT DE MER QUI A LE MAL DE MER	Inconnu	
33. GIDRAH	Le Japon via Mars	
34. LES TRIFFIDES	L'ancienne URSS	
35. LE YÉTI (l'Abominable Homme des Neiges)	L'Himalaya	
36. MOBY DICK	Les Océans	
37. MINYA (Tadzilla)	L'île de Sol-Gell dans les mers du Sud	
38. GODZILLA	Tokyo via l'île de Oto	
39. L'HUÎTRE GÉANTE	Le fond des Océans	
40. LA PIEUVRE GÉANTE	Les Océans	
41. LE DIABLE DE TASMANIE	La Tasmanie en Australie	

compris et rejeté par la société

litaire

ansparent

Créature de l'espace =

Immortel / Non-mort

Mutation due à une irradiation

Reptile géant

Animal psychotique

Personnage télé

159

MAIS ILS SONT FACILEMENT REPÉRABLES GRÂCE À QUELQUES DÉTAILS. LIS CE PETIT GUIDE ET TU SERAS CAPABLE D'IDENTIFIER UN MUTANT DE L'ESPACE À QUELQUES MÈTRES DE DISTANCE. L'AVENIR DE LA PLANÈTE TERRE DÉPEND DE TOI, MEC.

TACHES D'ENCRE DE JOURNAL SUR LES DOIGTS

Les journaux à scandale bon marché lui fournissent les informations principales sur ses frères extra-terrestres, ainsi que les derniers potins.

PANTALON TROP LARGE

Outre la tête et les mains, l'anatomie alien est atrocement différente de la nôtre et doit donc être dissimulée.

CHAUSSETTES EN TERGAL

Matière mystérieuse de la planète Kreign-Hos.
(NB : Bien qu'alien à l'origine, le tergal a également été adopté par les humains. Regarde dans le placard de ton père pour en avoir la preuve.)

MYSTÉRIEUSE SUR LA CRAVATE

Vient probablement d'un récent sacrifice humain.

ÉPINGLE À CRAVATE DU ROTARY

En fait un mini rayon mortel habilement dissimulé. Toute personne portant un de ces objets est véritablement un alien et doit être signalée aux autorités. NB : de nombreuses personnes appartenant aux autorités sont en réalité elles-mêmes des aliens, alors fais attention.

PIEDS

Sans nerfs et extrêmement durs. Il faut plus qu'un simple contrôle visuel pour les identifier. Écrase les pieds en question le plus fort que tu peux. Si c'est un alien, il ne sentira rien du tout. Si c'est un humain, prépare-toi à courir très vite.

LES ALIENS

SONT PARMI NOUS !

LES ALIENS SONT LÀ, ICI, MAINTENANT. CE SONT DE HIDEUX MUTANTS DE L'ESPACE, MEC. ILS SONT PARTOUT. POUR CELUI QUI NE REGARDE QUE LA SURFACE DES CHOSES, ILS PEUVENT RESSEMBLER À DES ÊTRES

POCHES SOUS LES YEUX
En réalité, ce sont des cicatrices qui résultent de l'ablation des troisième et quatrième yeux.

MAINTIEN RAIDE
Ils ont beau essayer, les aliens ne maîtrisent pas encore l'art de ne pas se tenir droit.

TENUE TRISTOUNETTE
Les aliens doivent porter ce genre d'habits à tout moment. Les couleurs vives interfèrent avec les ondes Zigma qui leur sont transmises du vaisseau-mère. Sans ces rayons ils peuvent mourir.

COIFFURE DÉBILE
De nombreux aliens portent des postiches révélateurs. En réalité, ce ne sont pas du tout des cheveux. Ce réseau densément tissé de fibres de transmission permettent à l'alien de communiquer avec le commandement central. Facilement repérable lors de grands vents.

REGARD MORNE
Visible quand l'alien reçoit des directives mentales du Commandeur Suprême.

MINE RENFROGNÉE
Causée par l'incapacité de leur système digestif à assimiler notre rude nourriture, mec.

LANGAGE DÉMODÉ
Adapté à partir d'anciennes transmissions télévisuelles que les aliens ont interceptées dans l'espace, des décennies après

SACREBLEU! DU RESPECT, JEUNE APACHE !

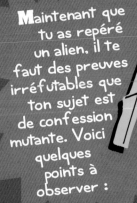

Maintenant que tu as repéré un alien, il te faut des preuves irréfutables que ton sujet est de confession mutante. Voici quelques points à observer :

ALIENS

VERIFICATIONNAGE BRAGUETTAL

A la sortie des toilettes, l'alien mâle vérifie automatiquement sa braguette. Ceci est une forme de salut au Commandeur Suprême qui a toujours les yeux sur lui. (L'équivalent chez la femelle est une rapide remise en place du pli de la jupe ou du collant.)

ZOMBIFICATION ASCENSORIELLE

Dans un ascenseur, l'alien fait toujours face à la porte, fixe les numéros d'étage d'un regard hypnotique et perd la capacité de parler.

162

LEUR COMPORTEMENT

MIAOU!

CRACHE!

ACTIVITÉ AUTOMOBILISTIQUE EMBARRASSATOIRE

Quand ils sont seuls au volant, les aliens croient qu'ils sont invisibles au reste du monde. Apparemment, les vitres de leurs vaisseaux sont faites en verre sans tain, et ils supposent que celles des voitures également. Ainsi, ils profitent de leur prétendue intimité pour se curer le nez et les oreilles, tout en chantant à tue-tête et en jouant des instruments imaginaires.

CONFUSIOTOMIE ENFANT/ANIMAL

On peut souvent voir des aliens promener des enfants avec une laisse et aboyer des ordres comme : «NON !» ou «RESTE ICI !». D'un autre côté, ils habillent leurs animaux avec des imperméables et communiquent avec eux en leur parlant comme à des bébés. Écoute ces expressions comme «C'est le petit titi à sa maminouche, ça.» et «Comme il est zouli, le petit bébé !». Ce comportement demeure inexpliqué.

AUTRES SIGNES RÉVÉLATEURS

Cirer ses moustaches	Se ronger les ongles
Gober des œufs	Se gratter les fesses
Claquer des doigts	Faire craquer ses articulations
Lécher les bottes	
Secouer la jambe	Laisser un pourboire
Taper du pied	Identifier les oiseaux
Se la péter grave	Jouer des coudes
Doubler par la droite	Postillonner
Montrer du doigt	Se faire une raie
Se caresser la barbe	Se tordre les bras
	Être supporter

CONSTANTE INSPECTION FACIALE

Les aliens ont des déguisements très élaborés pour se mouvoir parmi les humains sans être repérés. Le déguisement femelle est plus complexe que celui du mâle, et par conséquent plus fragile. Les aliens femelles sont constamment en train d'inspecter et de corriger leur apparence humaine. Bien qu'apparemment peu soucieux de son aspect, l'alien mâle fait toujours un petit contrôle quand il passe devant toute surface réfléchissante.

163

Religion

PARESSE

CUPIDITÉ

LUXURE

GOURMANDISE

FUSION

SALUT,
LES AMIS !
ON A PRÉVU DE
PASSER SA VIE
À VENIR
AU PARADIS ?
J'Y COMPTERAIS PAS
TROP SI J'ÉTAIS VOUS.
MAIS SI VOUS VOULEZ
VRAIMENT SAVOIR CE
QUI VOUS ATTEND
DANS L'AU-DELÀ,
FAITES CE PETIT
TEST FACILE...
À BIENTÔT !

PARESSE
J'aime :
   a. Remettre au lendemain ce que je peux faire le jour même.
   b. Faire de temps en temps la sieste au boulot.
   c. Hiberner en hiver.

CUPIDITÉ
J'ai déjà :
   a. Quitté un restaurant sans donner de pourboir
   b. Quitté un restaurant sans payer l'addition.
   c. Fait un carton dans les produits dérivés.

LUXURE
Je suis sexuellement excité(e) par :
   a. Des membres attirants du sexe opposé.
   b. Des membres attirants du même sexe.
   c. Les gouttières.

LES 7 PÉCHES CAPITAUX

ENVIE

COLÈRE

ORGUEIL

GOURMANDISE
Je mange :
- a. Entre les repas.
- b. Entre les repas que je fais entre les repas.
- c. Donc je suis.

ENVIE
Je suis jaloux des gens qui ont
- a. De l'élégance.
- b. Des cheveux.
- c. Des postiches.

COLÈRE
Parfois, je :
- a. Deviens «fou».
- b. Deviens «vraiment fou».
- c. Prends mon fusil.

ORGUEIL
Je suis :
- a. Un don de Dieu pour le sexe opposé.
- b. Un don de Dieu pour le monde entier.
- c. Dieu.

Comptez votre score
10 points pour chaque réponse a.
20 points pour chaque réponse b.
50 points pour chaque réponse c.

Si votre total est de :
0 à 70 points... Vous irez probablement
en Enfer.
80 à 150 points... Vous êtes manifestement
en route pour l'Enfer.
160 à 350 points... L'Enfer a été créé pour vous.

Si tu as toujours envie de connaître le sens de la vie va page 1...

PRIÈRES SAVOUREUSES

AVEC LE SOUTIEN DU CONSEIL NATIONAL POUR LE DÉVELOPPEMENT DU CALEMBOUR

... À DIRE EN TOUTES OCCASIONS

PÂTÉ DE DIEU

Pâté de Dieu,
Toi qui t'étales
Sur toutes les tartines
du monde,
Que la moutarde soit
avec toi.

Pâté de Dieu,
Toi qui t'étales
Sur toutes les tartines
du monde,
Que la moutarde soit
avec toi.

Pâté de Dieu,
Toi qui t'étales
Sur toutes les tartines
du monde,
Donne-toi à nous.

Les prières - NOUS EN AVONS TOUS BESOIN PARFOIS : AVANT UN EXAMEN, POURCHASSÉ PAR DES FRELONS, EN CAS DE FUSION D'UN RÉACTEUR NUCLÉAIRE... MAIS JE SUIS SÛR QUE TU SERAS D'ACCORD AVEC MOI SI JE TE DIS QU'ELLES SONT UN PEU DÉMODÉES, MEC. ALORS VOICI DES VERSIONS PÊCHUES DE TOUS LES GRANDS CLASSIQUES, AVEC LA PERMISSION DE SA PLUS QUE SAINTETÉ, BARTHOLOMEW J. (POUR JUDAS) SIMPSON. SOUVIENS-TOI QU'IL FAUT T'EN SERVIR AVEC PARCIMONIE, MEC. DIEU AIDE CEUX QUI S'AIDENT EUX-MÊMES.

JE TE SALUE CULOTTE

Je te salue, culotte,
Pleine de dentelle
Le porte-jarretelles
est avec toi.
Tu es bénie entre
tous les vêtements
Et le string, le fruit
de la recherche,
est béni.

Sainte Culotte,
tu tombes un peu,
Prie pour avoir
un bon élastique
Maintenant et
à l'heure de sortir,
Amen.

PRIÈRE DU SOIR

DIEU EST LUMIÈRE

BÉNÉDICITÉ

Que cette nourriture
soit bénie.
Que cette boisson
soit bénie.
Que Dieu soit béni,
A table !

Maintenant que je vais
m'endormir
J'espère que ma vessie
ne va pas fuir.
Si je fais pipi pendant
la nuit,
Je prie Dieu qu'il sèche
mon lit.

Dieu est lumière.
Dieu est amour,
Que mon enfance
dure un max.

ACTE DE CONTRITION

LE NOTRE GROS

Oh mon Dieu
Je me repens profondément
De t'avoir offensé.
Mais je n'ai pu m'en empêcher, mec.
On aurait dit que
Je pouvais pas faire autrement.

Notre Gros,

Qui mange pour deux,

Que ta bâfrerie soit faite,

A table comme ailleurs.

Dévore aujourd'hui

Tes beignets quotidiens,

Et pardonne-nous

De te donner des légumes,

Comme nous pardonnons aussi

A toi qui as vidé le frigo.

Soumets-toi à la tentation

Et délivre-toi de la balance.

Amen.

NOTRE PÈRE, QUI ÊTES AUX CIEUX : CHEZ VOUS, C'EST OUVERT TOUTE LA NUIT, COMME LES STATIONS-SERVICE ?

169

QUESTIONS ÉNERVANTES

EST-CE UN PÉCHÉ DE DIRE DES OBSCÉNITÉS SANS FAIRE DE BRUIT ?

AU PARADIS, EST-CE QU'ON GARDE POUR L'ÉTERNITÉ LES VÊTEMENTS DANS LESQUELS ON A ÉTÉ ENTERRÉ ?

EST-CE QUE C'EST BIEN DE SE MOQUER DE CEUX QUI SONT EN ENFER QUAND ON EST AU PARADIS ?

S'IL Y A DE LA VIE SUR D'AUTRES PLANÈTES, EST-CE QUE LES ALIENS AUSSI PEUVENT ALLER AU PARADIS ?

POURQUOI Y A-T-IL DE LA SOUFFRANCE ?

À POSER AU CATÉCHISME

ENCORE QUESTIONS ÉNERVANTES

SI ON EST MASOCHISTE EST-CE QUE C'EST PAS UNE RÉCOMPENSE D'ALLER EN ENFER ET UNE PUNITION D'ALLER AU PARADIS ?

SI JE PASSE TOUT MON TEMPS À PRIER AU LIEU D'APPRENDRE, EST-CE QUE J'AURAI DE MEILLEURES NOTES ?

POURQUOI LA PRIÈRE NE RAMÈNE PAS LES POISSONS ROUGES À LA VIE ?

EST-CE QUE LES ESPRITS DE NOS PROCHES DÉCÉDÉS PEUVENT NOUS VOIR QUAND ON VA AUX TOILETTES ?

AUTRES USAGES POSSIBLES
DE CE LIVRE

1. Sers-t'en pour allumer un feu si ton avion atterrit dans les Andes.
2. Jette-le du sommet de la Tour Montparnasse et regarde la taille du trou qu'il fait dans le trottoir.
3. Ça fait un super dessous de verre pour les Jumbo Squishees !
4. Crée une association pour le faire interdire.
5. Achètes-en un carton et mets-les dans le coffre de la voiture pour améliorer la traction les jours de neige.
6. Fais-en des confettis et crée ton propre carnaval.
7. Améliore ton maintien en en posant un en équilibre sur ta tête.
8. Evide-le au milieu afin d'y cacher ta délicate poésie.
9. Recouvre-le avec la jaquette de «Complexifions La Mécanique Quantique» afin d'impressionner tes amis.
10. Fais des boulettes avec les pages.
11. Prends-en trois et entraîne-toi au jonglage.
12. Sers-t'en comme cale-porte.
13. Fais-en une petite tente pour ton hamster.
14. Crée ta propre religion et fais-en ton Livre Saint.
15. Sers-t'en pour aplatir les steaks hachés.
16. Lègue-le au monastère le plus proche de chez toi.

INDEX

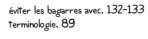

DÉGUEULITA

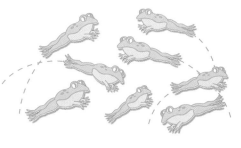

U

V

W

Z

Salut, bande de nazes !